Literaturwissen
für Schule und Studium

Günter Grass

Von Theodor Pelster

Philipp Reclam jun. Stuttgart

Mit 12 Abbildungen

Universal-Bibliothek Nr. 15220
Alle Rechte vorbehalten
© 1999 Philipp Reclam jun. GmbH & Co., Stuttgart
Gesamtherstellung: Reclam, Ditzingen. Printed in Germany 1999
RECLAM und UNIVERSAL-BIBLIOTHEK sind eingetragene Marken
der Philipp Reclam jun. GmbH & Co., Stuttgart
ISBN 3-15-015220-8

Inhalt

I. Zeittafel

1927 Am 16. Oktober wird Günter Grass in **Danzig-Langfuhr** geboren. Seine Eltern haben ein kleines Kolonialwarengeschäft und werden rückblickend als »kleinbürgerlich« und »proletarisch« eingeschätzt. Der Vater ist deutschstämmiger Protestant, die Mutter Katholikin kaschubischer Herkunft; der Sohn wird – ebenso wie die drei Jahre später geborene Schwester Waltraud – katholisch getauft und erzogen.

1933 Eintritt in die Volksschule.

1937 Übergang auf das Gymnasium Conradinum.

1937 Mitglied im »Deutschen Jungvolk (DJ)«, der NS-Organisation für 10- bis 14-jährige Jungen, einer Vorstufe der »Hitlerjugend (HJ)«, der die 14- bis 18-jährigen Jungen anzugehören hatten.

1944/45 Luftwaffenhelfer: Seit 1943 wurden Schüler der Jahrgänge 1926/27 zum Kriegshilfseinsatz in der Nähe der größeren Städte kaserniert und tagsüber notdürftig unterrichtet.
Während des Kriegseinsatzes wird Grass in **Cottbus** verwundet: Lazarettaufenthalt in **Marienbad**; amerikanische Kriegsgefangenschaft in **Bayern**. Im Rahmen der »Umerziehung« wird er durch das Konzentrationslager Dachau geführt.

1946 Entlassung aus der Kriegsgefangenschaft. Gelegenheitsarbeiter bei Bauern im **Saarland** und im Kalibergbau in der Nähe von **Hildesheim**. Zusammentreffen mit den aus Danzig geflohenen Eltern in der Nähe von **Köln**.

1947 Praktikant als Steinmetz und Steinbildhauer in **Düsseldorf**.
Modellzeichnen, Schreibversuche (Gedichte).

1948 Aufnahme in die Düsseldorfer Kunst-Akademie: Anfängerklasse bei dem Bildhauer Sepp Mages, Wechsel

in die Malklasse von Otto Pankok. Mitglied einer
Jazzband mit Horst Geldmacher.

1951/52 Autostopp-Reisen durch **Italien** und **Frankreich**.
Bekanntschaft mit Anna Schwarz.

1953 Übersiedlung nach **Berlin**: Fortsetzung des Studiums
der Bildhauerei an der Hochschule für Bildende Künste in Berlin bei Karl Hartung.

1954 Heirat mit Anna Schwarz, mit der er vier Kinder haben wird, die Zwillinge Franz und Raoul (geb. 1957),
Laura (geb. 1961) und Bruno Thaddäus (geb. 1965).

1955 Erste Veröffentlichungen von lyrischen und kurzen
epischen Texten in »Akzente – Zeitschrift für Dich-
tung«.
Dritter Preis im Lyrik-Wettbewerb des Süddeutschen
Rundfunks.
Erste Lesung vor der Gruppe 47 in **Berlin**.
Kontakte zum Luchterhand Verlag.

1956 *Die Vorzüge der Windhühner*, Gedichte und Grafi-
ken.
Übersiedlung nach **Paris**: Anna Grass im Ballettstu-
dium. – Arbeit an dem Roman *Die Blechtrommel.*
Erste Ausstellung von Plastiken und Grafiken in
Stuttgart.

1957 *Hochwasser.* Ein Stück in zwei Akten. Uraufführung
an der Neuen Bühne in Frankfurt a. M. – *Stoffreste.*
Ballett in einem Akt. Uraufführung am Stadttheater
Essen.

1958 Lesung aus dem Manuskript *Die Blechtrommel* auf
der Tagung der Gruppe 47 in **Großholzleute** im Allgäu: Preis der Gruppe 47.
Onkel, Onkel an den Bühnen der Stadt Köln. Reise
nach **Polen**.

1959 Der Roman *Die Blechtrommel* erscheint. Für diesen
Roman wird Grass von einer unabhängigen Jury der
Bremer Literaturpreis zugesprochen, die Übergabe
wird vom Bremer Senat verweigert.

Arbeit an einem Roman mit dem Titel *Kartoffelschalen*, aus dem sich später die Novelle *Katz und Maus* und der Roman *Hundejahre* entwickeln.

Uraufführung des Balletts *Fünf Köche* und der Einakter *Noch zehn Minuten bis Buffalo* und *Beritten hin und zurück*.

Zweite **Polenreise**.

1960 Übersiedlung nach **Berlin**.
Berliner Kritikerpreis 1959/60 für *Die Blechtrommel*.
Gleisdreieck, Gedichte und Grafiken.
Polenreise.

1961 *Katz und Maus*, eine Novelle.
Uraufführung von *Die bösen Köche*.
Unterstützung für Willy Brandt im Bundestagswahlkampf.

1962 Französischer Literaturpreis für *Die Blechtrommel* als »Le meilleur livre étranger«.

1963 *Hundejahre*, Roman.
Aufnahme in die Berliner Akademie der Künste.

1964 Rede zum 400. Geburtstag Shakespeares vor der Berliner Akademie der Künste: *Vor- und Nachgeschichte der Tragödie des Coriolanus von Livius und Plutarch über Shakespeare bis zu Brecht und mir*.
Reise in die **USA**.

1965 Reise in die **USA**. Ehrenpromotion durch das Kenyon College.
Wahlkampfreise mit 52 Veranstaltungen für die SPD.
Georg-Büchner-Preis.

1966 Uraufführung des Schauspiels *Die Plebejer proben den Aufstand* im Berliner Schiller-Theater.
Verfilmung von *Katz und Maus*.
Tagung der Gruppe 47 in **Princeton, USA**.
Reisen nach **Mexiko**, in die **ČSSR** und nach **Ungarn**.

1967 *Ausgefragt*, Gedichte und Zeichnungen.
Reise nach **Israel**.
Rede auf dem SPD-Parteitag in **Nürnberg**.

Carl-von-Ossietzky-Medaille des Kuratoriums der Internationalen Liga für Menschenrechte, Sektion Berlin.

1968 Fontane-Preis.

1969 *Davor*. Uraufführung in Berlin.
örtlich betäubt, Roman.
Reisen nach **Rumänien**, **Jugoslawien**, **Ungarn** und in die **ČSSR**.
Wahlkampfreise durch die Bundesrepublik mit 190 Veranstaltungen.

1970 *Die Vogelscheuchen*, Ballett.
Reise mit Bundeskanzler Willy Brandt nach **Warschau** zur Unterzeichnung des Deutsch-Polnischen Vertrages.

1971 *Gesammelte Gedichte*.
Rede zum Dürer-Jahr in **Nürnberg**.
Reisen nach **Tansania** und **Israel**.

1972 *Aus dem Tagebuch einer Schnecke*.
Bundestagswahlkampf für die SPD mit 129 Veranstaltungen.
Erwerb eines Hauses in **Wewelsfleth**, Schleswig-Holstein.

1973 *Mariazuehren*, Gedichte und Grafiken.
Israel-Reise mit Willy Brandt.

1974 Austritt aus der katholischen Kirche.
Der Bürger und seine Stimme, Reden, Aufsätze, Kommentare.
Liebe geprüft, Radierungen und Gedichte.

1975 **Indien-Reise**.

1976 *Mit Sophie in die Pilze gegangen*, Lithographien und Gedichte.
Ehrendoktorwürde der Harvard University, USA.
Teilnahme am Bundestagswahlkampf der SPD.

1977 *Der Butt*, Roman.
Als vom Butt nur die Gräte geblieben war, Gedichte und Radierungen.

1978 Reise nach **Japan, Indonesien, Thailand, Hongkong, Indien, Kenia.**
Stiftung des Döblin-Preises.
Verfilmung der *Blechtrommel* unter der Regie von Volker Schlöndorff.
Scheidung von Anna Grass.

1979 *Das Treffen in Telgte*, Erzählung.
Der Film *Die Blechtrommel* erhält mehrere Auszeichnungen, unter anderem den »Oscar« für den besten fremdsprachigen Film.
Heirat mit der Organistin Ute Grunert.
Reise im Auftrag des Goethe-Instituts nach **China, Singapore, Jakarta, Manila** und **Kairo.**

1980 *Kopfgeburten oder Die Deutschen sterben aus.*

1981 Reise nach **Danzig.**

1982 *Zeichnen und Schreiben I* (Zeichnungen und Texte 1954–77).
Eintritt in die SPD.

1983 *»Ach, Butt, dein Märchen geht böse aus«*, Gedichte und Radierungen.
Wahl zum Präsidenten der Berliner Akademie der Künste.
Heilbronner Erklärung, Appell von Schriftstellern, Künstlern, Politikern und Militärs zur Kriegsdienstverweigerung.

1984 *Zeichnen und Schreiben II* (Radierungen und Texte 1972–82).
Widerstand lernen.
Mitbegründer des Vereins »WIR«, eines Pro-Ausländer-Vereins auf nationaler Ebene.

1985 Schenkung des Hauses in Wewelsfleth an das Land Berlin.

1986 *Die Rättin*, Roman.
Ende der Präsidentschaft der Akademie der Künste.
September 1986 – Januar 1987: Aufenthalt in **Kalkutta.**

1987 Zehnbändige Werkausgabe.
1988 *Mit Sophie in die Pilze gegangen*, *Zunge zeigen*, *Cal-cutta*, Mappe mit Radierungen.
1989 Rede vor dem »Club of Rome«.
     Austritt aus der Berliner Akademie der Künste wegen deren mangelnder Solidarität mit Salman Rushdie, dem von einem iranischen Todesurteil bedrohten Schriftsteller.
1990 »Deutschland einig Vaterland?« – Streitgespräch mit Rudolf Augstein.
     Ein Schnäppchen namens DDR.
     Gastdozentur für Poetik an der Universität Frankfurt a. M.: *Schreiben nach Auschwitz.*
     Ehrendoktor der Universität Poznań.
1991 *Brief aus Altdöbern.*
     Vier Jahrzehnte, ein Werkstattbericht.
1992 *Unkenrufe*, Roman.
     Austritt aus der SPD.
1993 *Novemberland*, 13 Sonette.
     Ehrendoktorwürde der Universität Danzig, Ernennung zum Ehrenbürger der Stadt Danzig.
1994 Großer Literaturpreis der Bayerischen Akademie der Schönen Künste; Karel-Čapek-Preis, Prag.
1995 *Ein weites Feld*, Roman.
1996 Auszeichnung mit dem Sonning-Preis, der wichtigsten kulturellen Auszeichnung Dänemarks.
1997 *Fundsachen für Nichtleser.*
     Werkausgabe in sechzehn Bänden.
     Laudatio auf Yasar Kemal, Friedenspreisträger des Deutschen Buchhandels.
1998 Rückkehr in die Berliner Akademie der Künste.
     Solidaritätskundgebung mit Salman Rushdie.
1999 *Mein Jahrhundert.*
     Poetik-Dozentur in Tübingen.
     Nobelpreis für Literatur.

Der Autor und Grafiker Günter Grass

II. Autor und Werk

Weltweit gilt Grass als der bedeutendste Repräsentant der deutschen Literatur in der zweiten Hälfte des 20. Jahrhunderts. Als Beleg können Urteile von Literaten und Kritikern aus verschiedenen Ländern und Erdteilen angeführt werden – Europa, Japan, Nordamerika; deutlichster Beleg aber ist, dass ihm 1999 endlich der Nobelpreis für Literatur verliehen wurde, nachdem er lange Zeit auf der Kandidatenliste gestanden hatte.

Angesichts dieser Tatsachen muss es verwundern, dass Günter Grass in Deutschland nach wie vor umstritten ist. Die meisten seiner Werke lösten bei ihrem ersten Erscheinen unter Kritikern und Publikum erheblichen Streit aus und einige, auf denen heute der Weltruhm des Schriftstellers beruht, wurden am Anfang bis zur Androhung gerichtlicher Untersuchung angegriffen. Ganze Bände sind dem Thema »Günter Grass in der Kritik«[1] gewidmet. Timm Boßmann, der vor allem die Reaktionen auf den 1995 erschienenen Roman *Ein weites Feld* untersucht hat und der seiner Abhandlung *Der Dichter im Schussfeld* den Untertitel »Geschichte und Versagen der Literaturkritik am Beispiel Günter Grass« gab, referiert die widerstreitenden Urteile und die sich verfestigenden Vorurteile, die insgesamt ein »Markenbild« ergeben haben, »das die Kritik von Günter Grass produziert«[2] hat. Danach gilt er unter anderem als »Kraftmeier« und »wilder Einzelgänger«, als »Bürgerschreck« und »schnauzbärtiger Wüterich«, der sich durch Kennzeichen wie »diabolischer Humor«, »zynischer Nihilismus«, »blasphemischer Zorn«, aber auch durch »sprachliche Kraft«,

---

1 Als Beispiele seien genannt: Gert Loschütz (Hrsg.), *Von Buch zu Buch. Günter Grass in der Kritik*, Neuwied/Berlin 1968. Oskar Negt (Hrsg.), *Der Fall Fonty. »Ein weites Feld« von Günter Grass im Spiegel der Kritik*, Göttingen 1996.

2 Timm Boßmann, *Der Dichter im Schussfeld. Geschichte und Versagen der Literaturkritik am Beispiel Günter Grass*, Marburg 1997, S. 44.

»elementare Sprachgewalt«, »atemberaubende Phantasie« und »überwältigende Vitalität« auszeichnet. Inwiefern diese Kennzeichnungen zum Lob oder zum Tadel gereichen, ist zunächst nicht erkennbar. Gefährlich ist, dass diese Klassifizierungen offensichtlich von Werk zu Werk transportiert werden. Wer jedoch literarischen Texten gerecht werden will, muss jeden einzeln und aus sich beurteilen; und wer den Autor angemessen verstehen will, muss die Grundlagen seines Schreibens und seine Intentionen mit berücksichtigen.

Das literarische Werk von Günter Grass ist in besonderer Weise durch die Lebensgeschichte des Autors geprägt. Diese hinwiederum zeigt exemplarisch, welchen Herausforderungen eine Generation ausgesetzt war, deren Kindheit und Jugend in die Zeit der nationalsozialistischen Diktatur und des von Deutschland ausgehenden Zweiten Weltkriegs fiel. Vor allem um diese Brüche und Umbrüche, weniger um private und persönliche Krisen soll es im Folgenden gehen.

Günter Grass wurde am 16. Oktober 1927 im Danziger Vorort Langfuhr in eine kleinbürgerliche Familie geboren. Die Eltern hatten einen kleinen Kolonialwarenladen; der Vater, protestantisch, entstammte einer alteingesessenen Handwerkerfamilie; die Mutter, katholisch, war kaschubischer Herkunft und hatte die meisten Verwandten noch auf dem Land. Seit dem Versailler Vertrag gehörte die Stadt Danzig nicht mehr zum Deutschen Reich, war vielmehr seit 1920 Freistaat und weitgehend eingeschlossen von der Republik Polen. Grass und seine Eltern waren deutsch orientierte Freistaatler, die Verwandten der Mutter Polen. Grass erlebte die konfessionelle wie auch die nationale Spaltung am eigenen Leib. Er wurde katholisch getauft und »lässig« katholisch erzogen, aber doch so, dass er sich in allen Ritualen der katholischen Kirche bis heute auskennt, wenn er auch den Glauben an die Inhalte verloren hat. Für seine kaschubischen Verwandten, die seit 1920 Polen waren, hatte er viel Sympathie; doch lockerten sich die Familienbeziehun-

gen. In einem gespannten Verhältnis lebte der junge Grass
zur Schule. Als er, kriegsbedingt, das Gymnasium in der
Obertertia, der 9. Klasse also, verließ, hatte er die Schule
schon zweimal wechseln müssen. Verständlich, dass er später nach Krieg und Gefangenschaft nicht mehr bereit war,
sich in die Schülerrolle zu fügen. Dagegen rettete er den
Wunsch, Künstler zu werden, über die Zeiten. Seine Mutter
unterstützte ihn darin; für den Vater war dies Grundlage eines Dauerkonflikts. Auf die mütterlichen Vorfahren führt er
denn auch seine Anlagen zurück; Anregungen erhielt er
aber auch von einer Kunstlehrerin; vor allem erinnert er
sich, »von früh an gezeichnet und geschrieben«[3] zu haben.
Im Freistaat Danzig und in der eigenen Familie erlebte er,
wie der Wunsch »Heim ins Reich« sich immer lauter be-
merkbar machte und wie er vor allem von den Nationalsozialisten genutzt wurde. Vater Grass trat 1936 als »der typische opportunistische Mitläufer«[4] in die NSDAP ein, die im
»Danziger Volkstag« bereits im Jahr 1933 über 50,03 Prozent der Stimmen, also über die absolute Mehrheit verfügte.[5] Mit der »Heimholung« der Stadt, mit der »Erobe-
rung« der Polnischen Post in Danzig und den Schüssen von
der Westerplatte begann vor den Augen des jungen Grass
am 1. September 1939 der Zweite Weltkrieg.
Grass gibt ehrlich und mit großer Offenheit zu: ». . . ich bin,
wie die meisten, in Danzig freiwillig ins Jungvolk eingetre-
ten. Das hatte einen ungeheuren Reiz . . .«[6] Später, in den
letzten Kriegsjahren, wurde er Flakhelfer, kam zum Reichs-
arbeitsdienst und wurde zur Wehrmacht eingezogen, als er
noch keine 17 Jahre alt war. Er wusste, dass er nach einem
Führer-Wort als deutscher Junge »schlank und rank [. . .],

---

3 Heinrich Vormweg, *Günter Grass mit Selbstzeugnissen und Bilddokumenten*, 3., erg. und aktual. Aufl. Reinbek bei Hamburg 1996 (rowohlts mono-
   graphien, 359), S. 26.
4 Ebenda, S. 23.
5 Volker Neuhaus, *Schreiben gegen die verstreichende Zeit. Zu Leben und
   Werk von Günter Grass*, München 1997, S. 13.
6 Vormweg (Anm. 3), S. 23.

flink wie Windhunde, zäh wie Leder und hart wie Krupp-
stahl«[7] zu sein hatte. Rückblickend resümiert er: »Mit
Glaubenssätzen dummgehalten und entsprechend auf idea-
listische Zielsetzungen getrimmt, so hatte das Dritte Reich
mich und viele meiner Generation aus seinen Treuegelöb-
nissen entlassen. ›Die Fahne ist mehr als der Tod‹, hieß eine
dieser lebensfeindlichen Gewißheiten.«[8]

Der »Idealismus« hielt trotzdem lange vor und wurde endgültig und für alle Zeiten erst abgebaut, als in den Nürnber-
ger Prozessen die Greueltaten des NS-Regimes aufgezählt
und zugegeben wurden:

»Als Neunzehnjähriger begann ich zu ahnen, welch eine
Schuld unser Volk wissend und unwissend aufgehäuft hatte,
welche Last und Verantwortung meine und die folgende
Generation zu tragen haben würde.«[9]

Noch deutlicher:

»Das ist eine Schuld, die bleiben wird. Ich habe eher das
Gefühl, das mag ein persönliches Empfinden sein, daß die
ungeheure und nicht einschätzbare Dimension mit größe-
rem zeitlichen Abstand immer größer wird, daß das Unfaßbare und Undefinierbare an Auschwitz, um es mal auf diesen Begriff zu bringen, mit zeitlichem Abstand wächst, auch
als Hypothek und als Last – und nicht mit den herkömm-
lichen Begriffen wie Schuld und Sühne zu decken ist. Das
bleibt als offene Wunde.«[10]

Es dürfte nicht zuviel gesagt sein, dass mit diesem Einge-
ständnis der Schlüssel für das Werk des Autors gegeben ist,
aus dieser Einsicht die vielfältigen Engagements des Literaten abzuleiten sind, hier aber auch die Provokation offen
ausgesprochen ist, auf die Leser und Kritiker, Bürger und
Politiker unterschiedlich reagieren.

7 *Die Reden Hitlers am Parteitag der Freiheit 1935*, München 1935, S. 57.
8 Neuhaus (Anm. 5), S. 17.
9 Volker Neuhaus / Daniela Hermes (Hrsg.), *Die »Danziger Trilogie« von
   Günter Grass. Texte, Daten, Bilder*, Frankfurt a. M. 1991 (Sammlung
   Luchterhand, 979), S. 11.
10 Ebenda.

Das »Unfaßbare« nicht nur im Zorn zu benennen, sondern
literarisch zu fassen war ein Hauptziel des jungen Roman-
autors. In einem Prozess vor dem Oberlandesgericht
München, in dem es um die Frage ging, ob *Die Blechtrommel* als Kunst oder als Pornographie einzustufen sei, erklärte Grass am 23. Oktober 1968:

»In meinen drei Prosawerken – *Die Blechtrommel, Katz
und Maus* und *Hundejahre* – war ich bemüht, die Wirklichkeit einer ganzen Epoche, mit ihren Widersprüchen und
Absurditäten in ihrer kleinbürgerlichen Enge und mit ihrem überdimensionalen Verbrechen, in literarischer Form
darzustellen.«[11]

In diesem Prozess, »die Wirklichkeit [...] in literarischer
Form darzustellen«, wird ihm Danzig zum exemplarischen
Ort. Danzig, im Krisengebiet zwischen West- und Ost-
europa gelegen, war schon nach dem Ersten Weltkrieg ein
Konfliktpunkt. Es gehört zu den Folgen des Zweiten Weltkriegs, dass die Stadt, von sowjetischen Truppen erobert,
bald und endgültig dem polnischen Staat zugesprochen
wurde. Auf die Frage, was für ihn Heimat sei, antwortet
Grass: »Ich glaube in unserem Jahrhundert ist Heimat eigentlich immer das, was man verloren hat.«[12] Wenn Grass
seiner Heimat in seinem Werk ein Denkmal setzt, so nicht
in jenem verherrlichenden Sinne, als sei der Geburtsort das
Paradies gewesen. Danzig und seine Umgebung ist vielmehr
die Stoffgrundlage, mit der konkret gestaltet wird, was unter Menschen geschehen ist oder geschehen könnte.

Das wird vor allem deutlich in der sogenannten »Danziger
Trilogie«, bestehend aus dem Roman *Die Blechtrommel*,
der Novelle *Katz und Maus* und dem Roman *Hundejahre*.
Aber auch in dem späteren Roman *Der Butt*, in dem, auf
dem Märchen *Von dem Fischer und syner Fru* aufbauend,
die Machtgier der Menschen angeprangert ist, wird die

---

11 Ebenda, S. 83.
12 Interview Günter Grass, in: *Lufthansa Bordbuch. Das Magazin der Luft-
    hansa*, August/September 1992, S. 34.

»Lokalgeschichte« Danzigs »als mikroskopisch vergrößerte Welt- und Menschheitsgeschichte dargestellt«.[13] Auch *Die Rättin*, ein Prosaband ohne Gattungsbezeichnung, führt den Leser wieder nach Danzig und an die Weichsel-Mündung. Nach einer geträumten oder imaginierten Endzeit-Katastrophe bieten nur »die Rättin und ihr posthumaner Rattenstaat, der sich in der unter der Neutronenbombe unversehrt gebliebenen Danziger Innenstadt etabliert«[14], eine Zukunftsperspektive. Weniger düster, eher satirisch komisch geht es in den *Unkenrufen* zu, einer Erzählung von 300 Seiten Umfang: Zu Allerseelen 1989 treffen sich Alexander Reschke, geboren in Danzig, jetzt Professor in Bochum, und Alexandra Piatkowska, aus dem litauischen Wilna nach Danzig umgesiedelt, auf dem Weg zum Danziger Friedhof, wo sie je einen Strauss Astern niederlegen wollen. Beide teilen sie den Wunsch ihrer Generation, in der Heimaterde begraben sein zu wollen, und sie entwickeln die Idee, eine »Polnisch-Deutsch-Litauische Friedhofsgesellschaft« zu gründen. Doch nicht einmal dieser phantastischen Vision einer Versöhnung nach dem Tod ist ein gutes Ende beschieden. An der Bürokratie und an deutscher Überheblichkeit scheitert selbst dieses postmortale Friedensprojekt.

Das Jahrhundert, von Verbrechen und Krieg gezeichnet, scheint bis zuletzt nicht friedensfähig zu werden.

Grass hatte das Glück, am Ende des Kriegs in amerikanische Gefangenschaft zu geraten und bald entlassen zu werden. Er schlug sich mit Gelegenheitsarbeiten durch, bis er erfuhr, dass seine Eltern aus Danzig abgeschoben und notdürftige Unterkunft in Niederaußem, im Rheinland, gefunden hatten. An der Zukunftsplanung entzündete sich der Streit. Vater Grass wollte seinen Sohn als Bürolehrling un-

---

13 *Kindlers neues Literaturlexikon: Hauptwerke der deutschen Literatur.* Bd. 2: *Vom Vormärz bis zur Gegenwartsliteratur. Einzeldarstellungen und Interpretationen*, München 1994, S. 621.
14 Ebenda, S. 625.

terbringen, der aber bestand darauf: »Ich werde Bildhauer!«[15] und ging nach Düsseldorf.

Grass folgte also dem Impuls, den er in seiner früheren Danziger Jugend erhalten hatte, auch wenn die Startmöglich-
keiten in Düsseldorf äußerst schlecht waren. Die Kunst-
akademie war noch geschlossen und Grass nahm eine
Praktikantenstelle als Steinmetz und Steinbildhauer an. Unterkunft fand er in einem Caritas-Heim. Der Leser der
Danziger Trilogie erkennt literarisch vermittelte Grunder-
fahrungen in ihrem erlebten Ursprung wieder.

In Düsseldorf holte Grass nach, was er durch den Krieg ver-
säumt hatte: Er las, was ihm in die Finger kam; er zeichnete,
wo sich eine Gelegenheit bot; 1948 wurde er in die Kunst-
akademie aufgenommen; als Student besuchte er Kinos,
Theater, Kunstausstellungen. Von Düsseldorf aus unter-
nahm er Autostopp-Reisen nach Italien und Frankreich.
Trotz allem drängte es ihn Ende 1952, Düsseldorf zu verlassen, Anfang 1953 wechselte er nach Berlin.

In einem Gespräch, das 1990 in Köln aufgenommen wurde,
erklärte er später: »Das Jahr 1953 ist schon ein Jahr des be-
wußten Wechsels, raus aus Düsseldorf, aus den zu schnellen
Veränderungen Westdeutschlands, hin nach Berlin, um wieder der damals sehr deutlichen Nachkriegsrealität in Berlin
konfrontiert zu sein und dort weiter zu studieren, weiter zu
lernen.«[16] In Düsseldorf, so Grass, wurde der Krieg verdrängt, begann sehr früh der »Nachkriegsrausch«[17], dann
der Wiederaufbau. Währungsreform und Restauration
drohten alles vergessen zu machen, was für Grass weiterhin
»offene Wunde« ist. Düsseldorf steht für ihn für die zu
schnelle und gedankenlose Restauration und somit für Ver-
drängen und Vergessen von Schuld.

Wer von einem erreichten Ziel zurückschaut, ist versucht,
den Weg in Einzelabschnitte zu unterteilen und diese als

15 Vormweg (Anm. 3), S. 29.
16 Neuhaus/Hermes (Anm. 9), S. 12.
17 Ebenda, S. 136.

sinnvolle Abfolge zu erklären. Der Versuch birgt die Gefahr in sich, dass man Zufälle in Fügungen umdeutet; andererseits bietet er die Möglichkeit, über Grund und Folge im Ablauf des menschlichen Lebens nachzudenken.

Fasst man die Düsseldorfer Zeit als »Inkubationszeit«[18], so kann man die erste Berlin-Phase mit dem Erscheinen des ersten Gedichtbandes und mit den frühen Stücken *Beritten hin und zurück, Noch zehn Minuten bis Buffalo* als Experimentierphase charakterisieren, der dann der endgültige Durchbruch folgte, als Grass mit seiner Frau Anna »Anfang 1956 nach Paris« ging – mit dem Vorsatz, »ein dickes Buch [zu] schreiben«[19].

Haltbar an dieser Deutung ist sicher, dass in Berlin das weiterwirkte, was Grass in Düsseldorf erlebt hatte; bezeugt ist auch, dass der Künstler Grass in Berlin nicht nur durch seinen Bildhauer-Lehrer Karl Hartung, sondern auch und mehr noch durch Experiment und Vergleich seine Linie fand, die darauf ausgerichtet war, im Künstlerischen und im Politischen den Gegenständen auf den Grund zu gehen, der Wirklichkeit nicht auszuweichen, sondern Wirklichkeit sichtbar und durchschaubar zu machen. Nicht vorauszusehen war, dass dieser Weg geradewegs zum Erfolg führte.

Grass hat erzählt und beschrieben, unter welchen Bedingungen *Die Blechtrommel* in Paris entstand, wie er mit dieser Arbeit vor seinen Schweizer Schwiegereltern bestehen wollte, wie er Zuspruch von befreundeten Schriftstellern suchte, wie er zwar auch die Erinnerung an das verlorene Danzig stärken, jedoch vor allem zeigen wollte, welcher Verbrechen sich die Deutschen insgesamt schuldig gemacht hatten und »daß alles am hellichten Tag geschehen ist«[20].

Ob dieser Roman, der heute als ein Jahrhundertbuch anerkannt ist, solche Aufmerksamkeit geweckt hätte, wenn ihm nicht der Preis der Gruppe 47 zuerkannt worden wäre, ehe

18 Vormweg (Anm. 3), S. 39.
19 Ebenda, S. 41.
20 Ebenda, S. 45.

er erschien, ist müßig zu fragen. Überflüssig zu fragen ist
auch, ob Grass zur Gruppe 47 eingeladen worden wäre,
hätte er nicht jenen Lyrikpreis des Süddeutschen Rundfunks für ein Gedicht erhalten, das nicht er, sondern seine
Frau und seine Schwester – allerdings mit seiner Zustimmung – eingeschickt hatten. Als der Erfolg da war, konnte
man die Kausalitätskette zurückverfolgen, planen konnte
man sie nicht.

Die Blechtrommel ist zum Markenzeichen von Günter
Grass geworden; dieser Roman hat das Bild des Autors in
der Öffentlichkeit geprägt, typisiert, stereotypisiert. Er
selbst kann noch so oft behaupten, dass er die *Hundejahre*,
das dritte Buch der Danziger Trilogie, für sein bestes halte,
und er kann noch so eindringlich mahnen, man müsse die
Trilogie als ganze lesen: Seine Autorität als Romanautor
und als engagierter Literat beruht auf seinem ersten Roman.
Diese Autorität setzte er in den folgenden Jahren gezielt
ein – mit hohem Zeitaufwand und mit beharrlicher Perspektive. Es gehörte Mut dazu, auf dem V. Schriftstellerkon-
gress am 29. Mai 1961 in Ost-Berlin dem DDR-Minister für
Kultur auf die Frage »Wer könnte uns das Wasser reichen?«
zu antworten:

»Zeigen Sie Ihren Lesern in diesem Staat Musil, Kafka, die
westdeutschen Schriftsteller, französische Schriftsteller,
gleich welcher Schule, gleich welcher formalen Entwicklung, gleich, ob Sie sie formalistisch nennen, und Sie werden
merken: Es gibt in Westdeutschland, in Frankreich und
England Schriftsteller, die in der Lage sind, Ihnen das Wasser zu reichen.«[21]

Direkt plädierte er für eine Aufhebung der Zensur und der
Literaturkontrolle in der DDR. Nach dem 13. August 1961,
als Berlin und Deutschland durch eine scheinbar unüber-
windbare Mauer geteilt wurden, an der sich der sogenannte
Ostblock, vor allem repräsentiert durch die UdSSR, und der

21 Günter Grass, *Werke in 10 Bänden*, Bd. 9: *Essays, Reden, Briefe, Kommentare*, Darmstadt/Neuwied 1987, S. 27.

Günter Grass 1969 in Berlin, Niedstraße 13, mit Frau Anna und den Kindern (v. l. n. r.) Bruno, Laura, Raoul und Franz

Westblock, angeführt von den USA, feindlich gegenüber
standen, rief Günter Grass Anna Seghers, die Vorsitzende
des DDR-Schriftstellerverbandes, auf, sie möge wie er »gegen die Panzer, gegen den gleichen, immer wieder in
Deutschland hergestellten Stacheldraht anreden, der einst
den Konzentrationslagern Stacheldrahtsicherheit gab«[22].

Von allen politischen Bemühungen, die Grass auf sich
nahm, sind die des Es-Pe-De-Trommlers die bekanntesten
und am meisten diskutierten. Schon 1961 bot er Willy
Brandt, dem damaligen Berliner Oberbürgermeister, For-
mulierungshilfe an, als dieser von Bundeskanzler Adenauer
im Wahlkampf diffamiert wurde. Später – in den Wahl-
kämpfen 1965, 1969 und 1972 – trat er selbst als Wahlredner
auf – »allein und ohne Absprache mit der Partei«.[23] Er trat
als Bürger für die SPD ein, weil diese sich seit dem Godes-
berger Programm 1959 als Volkspartei verstand und weil er
ihr die Reformen zutraute, die seiner Meinung nach zur
Überwindung der restaurativen Politik der regierenden Par-
teien und deren Kanzler Adenauer, Erhard und Kiesinger
notwendig waren. Um Reformen ging es ihm, nie um Revolution. Damit geriet er später in Gegensatz zu den radikalen
Studentengruppen, die kubanische und vietnamesische Revolutionäre unterstützen zu müssen glaubten. Sein Programm – wenn es denn ein solches ist – veranschaulicht er
im Bild der Schnecke. Unter dem Titel *Aus dem Tagebuch
einer Schnecke* fasste er seine Erfahrungen aus dem Wahlkampf 1972 zusammen, reflektierte aber zugleich allgemein
über Bedingungen und Möglichkeiten einer Politik im Interesse der Bürger. Dort stellte er zu Beginn die These auf:
»Die Schnecke, das ist der Fortschritt.« Und er erläuterte:
»Sie siegt nur knapp und selten. Sie kriecht, verkriecht sich,
kriecht mit ihrem Muskelfuß weiter und zeichnet in ge-
schichtliche Landschaft, über Urkunden und Grenzen, zwischen Baustellen und Ruinen, durch zugige Lehrgebäude,

22 Ebenda, S. 34.
23 Neuhaus (Anm. 5), S. 109.

Günter Grass auf dem 1. Kongress des Verbandes
Deutscher Schriftsteller 1970

abseits schöngelegener Theorien, seitlich Rückzügen und
vorbei an versandeten Revolutionen ihre rasch trocknende
Gleitspur.«[24]

Grass fühlte sich in seinen Ansichten und in seinen Bemühungen bestätigt, als die SPD mit Gustav Heinemann den
Bundespräsidenten und mit Willy Brandt den Bundeskanzler stellte. Als sich später die Machtverhältnisse änderten
und als politische Entscheidungen fielen, die er für falsch
hielt, fragte er sich, ob das Bild der Schnecke nicht doch gegen das des Sisyphos auszutauschen sei.

Wer Partei ergreift, kann nicht damit rechnen, dass ihm alle

24 Günter Grass, *Aus dem Tagebuch einer Schnecke*, Darmstadt/Neuwied
   1972, S. 9.

zustimmen. Als Grass sich zunehmend gegen die Außen-
politik der USA aussprach, mehr noch, als er sich gegen
den eingeschlagenen Weg der deutschen Wiedervereinigung
stemmte, wurde er von Politikern und Bürgern hart zurückgewiesen. In seinem vorläufig letzten Roman – *Ein
weites Feld* – führt er literarisch die Diskussion über Ten-
denzen der deutschen Politik im 19. und 20. Jahrhundert
weiter. Hauptsächlich deshalb wurde auch dieser Roman
wieder zum Streitfall.
Als Bildhauer hatte Grass seine künstlerische Laufbahn
1947 in Düsseldorf begonnen und in Berlin fortgesetzt.
Schreiben war Nebenbeschäftigung, bis er sich voll und
ganz dem Konzept der »Danziger Trilogie« widmete. Erst
seit 1981 entstanden wieder »Werke, die Themen plastisch
in Terrakotta und Gips oder Ton für Bronze ausformen«[25].
Für sein Schreiben hat er nach eigener Bekundung manches
»von der Arbeitsweise des Bildhauers« übernommen:
»Schreiben: dies in langen Zeiträumen Denken, den Spaß
am Ändern und auch das Wissen, daß, wenn ich am Knie etwas ändere, ich demnächst am Ohr etwas ändern muß, weil
die Proportionen zusammenhängen. Auch daß ich am liebsten im Stehen arbeite [. . .], auch Schreiben, am Stehpult, ja,
das hängt damit zusammen.«[26]
In Zeiten des direkten politischen Engagements im Wahlkampf war wohl auch das Zeichnen zu kurz gekommen.
Erst nach 1972 kehrte er »konzeptuell und programmatisch
zur bildenden Kunst, zum Zeichnen und Radieren, später
auch zum Lithographieren zurück«[27]. Gestalten wie den
Butt und die Rättin vergegenwärtigte Grass sich und dem
Publikum zugleich in bildlicher wie in sprachlicher Darstellung. Zeichnen dient diesem Schriftsteller »als Katalysator:

25 Jens Christian Jensen, »Günter Grass als Bildkünstler«, in: *Text + Kritik.
   Zeitschrift für Literatur*, hrsg. von Heinz Ludwig Arnold, Heft 1: *Günter
   Grass*, 6. Aufl.: Neufassung 1988, S. 72.
26 Grass (Anm. 21), Bd. 10: *Gespräche*, Darmstadt/Neuwied 1987, S. 449.
27 Neuhaus (Anm. 5), S. 133.

Günter Grass mit Frau Ute 1983/84

Es filtert, klärt, konkretisiert«[28]. Zugleich schafft es Verbindung »zur sichtbaren Wirklichkeit, zwingt zur Konzentration auf Sichtbares, auf die Gegenstände«[29]. Zeichnen ist für ihn eine andere Möglichkeit, um Dinge zu erfahren und zu verstehen. Der Frage, ob er nun Schriftsteller oder Graphiker sei, steht Grass in gutem Sinne verständnislos gegenüber. In der Einführung zu dem Bildband *In Kupfer, auf Stein* erläutert er: »Ich zeichne immer, auch wenn ich nicht zeichne, weil ich gerade schreibe oder konzentriert nichts tue. Und auch beim Zeichnen schreiben sich Sätze fort, die angefangen auf anderem Papier stehen.«[30] Auch seine Lyrik

28 Jensen (Anm. 25), S. 60.
29 Ebenda, S. 60.
30 Hille-Sandvoß, »Günter Grass Das graphische Werk«, in: Günter Grass, *In Kupfer, auf Stein*, Göttingen ²1986, S. 7.

steht in Wechselbeziehung zu seinem graphischen Werk: »Oft sind die Graphiken gezeichnete Gedichte; und viele Gedichte umschreiben Konturen, stufen Grautöne ab.«[31]

Grass ist auf Gegenstände angewiesen – als Schriftsteller wie als Zeichner. Überhaupt sind diese zwei Seiten Grass'scher Kreativität nicht voneinander zu trennen. Die Beherrschung zweier Medien, nämlich Zeichnen und Schreiben, führt zu gegenseitiger Befruchtung, ein dichterischer Einfall wird mit dem Zeichenstift überprüft, ein gezeichnetes Bild in der Literatur »ausgeschlachtet«[32].

Es geht darum, sich auf unterschiedlichen Wegen der Wirklichkeit, wie sie ist, zu nähern, um trotz aller Widerstände der Wahrheit so nahe zu kommen, wie dies Menschen möglich ist.

Dass dies ein waghalsiges Unterfangen ist, hat Grass an sich selbst und in der Auseinandersetzung mit seinen Kritikern oft genug erfahren müssen.

31 Ebenda, S. 7.
32 Ebenda, S. 8 f.

III. Interpretationen

1. Lyrik

Ein Lyrikpreis des Süddeutschen Rundfunks, 1955 für das Gedicht *Lilien aus Schlaf* vergeben, war die erste Auszeichnung des Schriftstellers Günter Grass überhaupt. Im gleichen Jahr las er auf der Frühjahrstagung der Gruppe 47, der ersten, an der er teilnahm, Gedichte vor und fand sofort Beachtung. Lyrik steht also am Anfang der schriftstellerischen Laufbahn von Günter Grass und macht überhaupt einen wesentlichen Teil seines Schaffens aus.

»In meinen Gedichten versuche ich, durch überscharfen Realismus faßbare Gegenstände von aller Ideologie zu befreien, sie auseinanderzunehmen, wieder zusammenzusetzen und in Situationen zu bringen, in denen es schwerfällt, das Gesicht zu bewahren [...]«[1], erklärt der Gedichtschreiber. Er wehrt damit Erwartungen derer ab, die von Lyrik »Sangbarkeit und Tanzbarkeit«[2] verlangen, und stellt statt dessen Gelegenheitsgedichte in Aussicht, die aus der Begegnung mit der Welt und den Menschen entstehen und die als »kunstgeformte Aussage« von solchen menschlichen Belangen sprechen, »die überall und immer gleich sind«.[3]

Lyrik ist für Grass eine künstlerische Ausdrucksweise unter andern. Als ihm am Schluss eines längeren Gesprächs 1974 die Frage gestellt wird: »Woran arbeiten Sie?«, antwortet er ausführlich: »Ich habe während der letzten zwei Jahre Lyrik geschrieben. Das habe ich immer gemacht, wenn ich eine größere Prosa-Arbeit abgeschlossen hatte und für mich

---

1 Günter Grass, *Werke in 10 Bänden*, Bd. 9: *Essays, Reden, Briefe, Kommentare*, Darmstadt/Neuwied 1987, S. 21.

2 Jürgen Link, »Elemente der Lyrik«, in: Helmut Brackert / Jörn Stückrath (Hrsg.), *Literaturwissenschaft. Ein Grundkurs*, Reinbek bei Hamburg 1992, S. 86.

3 Gero von Wilpert, *Sachwörterbuch der Literatur*, 7., verb. und erw. Aufl., Stuttgart 1989, S. 541.

auch eine größere Periode zu Ende ging; dann erscheint mir
die Lyrik, das Gedicht, immer noch das genaueste Instru-
ment, mich neu kennenzulernen und neu zu vermessen; und
nach längerer Pause, und nicht zufällig parallel zur Lyrik,
zeichne ich wieder, und aus diesem Prozeß entwickelt sich
langsam ein größeres Vorhaben, über das ich noch nicht
sprechen kann.«[4]

So ergänzen sich bei Grass nicht nur lyrische Kurztexte und
umfassende epische Werke, sondern auch Werke der dar-
stellenden und der literarischen Kunst. Zeichnungen und
Grafiken fordern heraus, Gedichte genauer zu lesen. Sehr
oft ist das, was Grass selbst als Illustration zu einem Buch
anbietet, mehr herausfordernde Deutung als Abbild von
Gesagtem. Wer sich auf das Werk und die Kunst von Grass
einlässt, muss öfter die Perspektive wechseln, muss Ein-
drücke verbinden, sollte nicht summieren, erst recht nicht
dividieren, sondern integrieren.

Polnische Fahne.   Erstdruck: *Akzente* 2 (1955) Heft 6,
S. 535. Veröffentlichung in dem Gedichtband *Die Vorzüge
der Windhühner*. Gedichte, Prosa, Zeichnungen, Neuwied/
Berlin: Luchterhand, 1956. – Zitiert nach: Günter Grass:
Gedichte, Stuttgart 1985 (Reclams Universal-Bibliothek,
Nr. 8060).

Das Gedicht *Polnische Fahne* nimmt in dem ersten von
Grass veröffentlichten Lyrikband *Die Vorzüge der Windhühner* eine zentrale Stelle ein. Der Band versammelt Texte,
von denen Grass einige bei der Frühjahrstagung der
Gruppe 47 im Mai 1955 in Berlin vorgelesen hatte und die
ihm nicht nur den Zugang zu der Gruppe um Werner Richter, sondern auch erste Aufmerksamkeit bei einigen Verla-
gen gesichert hatte. Im Luchterhand-Verlag erschienen 1956
nicht nur die Gedichte, sondern auch dazugehörende Zeich-

4 Grass (Anm. 1), Bd. 10: *Gespräche*, S. 170 f.

nungen des Autors. Wort-Bild und grafisches Bild sollen sich ergänzen, ein Verfahren, das der Doppelbegabung des Autors entgegenkommt und das gleichzeitig der gegenseitigen Überprüfung des Gesagten und Gezeichneten dient. Wer das Gedicht heute liest, tut gut daran, sich bewusst zu halten, dass es vor 1956 entstanden ist. Polen gehörte damals zum Ostblock, dessen Allherrscher Stalin 1953 gestorben war und dessen kommunistische Führer bemüht waren, die Herrschaft über die Bevölkerung zu sichern. Sah man vom Westen aus den Ostblock insgesamt als feindliche Macht, so hegten jene Deutschen eine besondere Abneigung gegen den polnischen Staat und seine Bevölkerung, die aus den ehemaligen deutschen Ostgebieten geflohen oder aus ihnen vertrieben worden waren. Diesen Deutschen eine Darlegung über die »Polnische Fahne« anzubieten, bewies Mut.

Mit dem Text wendet sich der Autor bewusst der Geschichte Polens zu, berücksichtigt zugleich die politisch gegebene Situation und weist – zu einem guten Teil wohl unbewusst – auf weite Bereiche seines entstehenden Lebenswerks. Er selbst hat in seiner Heimat Danzig in der Erntezeit noch »Kartoffelfeuer« erlebt und gesehen, wie »Rüben«, »Äpfel« und »Kirschen« geerntet wurden. Doch geht es ihm nicht um sentimentale Erinnerung, sondern um einen scharfen Blick auf das, was die »Polnische Fahne« zum Sinnbild macht.

Durch zwei Farben ist diese Fahne bestimmt, durch Rot und Weiß. Rot ist die Farbe des Aufbegehrens. Dieses Aufbegehren kündigt sich im Feuer – auch im »Kartoffelfeuer« – an und findet symbolträchtigen Ausdruck im »Blut«. Ob man bei dem »roten Inlett« »an Proletariat, an Mietskasernen, in denen das unbezogene Bett aus den Fenstern gehängt wird wie eine rote Fahne«,[5] denken muss, mag jeder

---

5 Horst Bienek, »Günter Grass: *Polnische Fahne*«, in: *Frankfurter Anthologie. Gedichte und Interpretationen*, hrsg. von Marcel Reich-Ranicki, Bd. 7, Frankfurt a. M. 1983, S. 126.

für sich entscheiden. Die Schlussfolgerung überzeugt jedenfalls: »Die Fahne blutet musterlos.« Das mag heißen, dass sie
so lange blutet, wie man ihr den Adler, der als Wappentier
ursprünglich in die polnische Fahne gehörte, vorenthält;
es könnte auch heißen, dass Bluten ein so elementarer Vor-
gang ist, dass es unnötig ist, nach einem Sinnbild zu fragen.
Weiß ist der »Rauch« der Kartoffelfeuer, der die Männer
unsichtbar macht; weiß sind die Rüben, die »der erste Frost«
überzog; weiß wie »Schnee« sind die Kopftücher der Frauen,
die feiern. Weiß ist die Farbe des Winters, der mehr als politische Ära denn als Jahreszeit angebrochen ist; denn:

> die Freiheit fror, jetzt brennt sie in den Öfen,
> kocht Kindern Brei und macht die Knöchel rot.

Zeiten der Erstarrung und Zeiten des Aufbegehrens wechseln in der Geschichte Polens. Erinnert wird an Josef Pil-
sudski, den Mitbegründer und Führer der »Polnischen
Sozialistischen Partei«, der als Oberbefehlshaber der polnischen Armee 1920 im Krieg gegen Sowjetrussland durch
einen siegreichen Gegenangriff das »Wunder an der Weich-
sel« bewirkte.
Für die schlimmste Zeit der Erstarrung steht die Stadt
»Warschau«, die »der Schritt hinter den Wölfen« finden
wird. Mit dem Stichwort Warschau verbindet man die Zeit
der nationalsozialistischen Okkupation und die Nieder-
schlagung des Ghetto-Aufstandes im Jahr 1943. Es ist nicht
weit zu Auschwitz, dem Synonym für alle von deutschen
Nazis begangenen Greueltaten.
Mit den Stichwörtern Auschwitz, Warschau und Polen ist
ein Themenbereich umschrieben, der den Autor Grass nicht
mehr loslässt. Nicht nur Thema, sondern auch Kunstkon-
zeption sind dem vorgegeben, der sich »nach Auschwitz«
als Künstler den Problemen dieses Jahrhunderts stellt:
»[...] wer aus deutscher Erfahrung weiß, daß keine noch so
unterhaltsame Gegenwart die Vergangenheit wegschwätzen
kann, dem ist der Erzählfaden vorgesponnen, der ist nicht

frei in der Wahl seines Stoffes, dem sehen beim Schreiben zu viele Tote zu.«[6]

Danzig und die Zeit des Nationalsozialismus drängen sich dem Autor auf. Weiß und Rot sind nicht nur die Farben der polnischen Fahne, sondern auch die der »Blechtrommel«, mit der Oskar die Erinnerungen heraufbeschwört und die Greueltaten ans Licht bringt, die bedroht sind, verdrängt zu werden. »Die Freiheit« – so heißt es –

> kocht Kindern Brei und macht die Knöchel rot.

Aus der Perspektive des Kindes wird geschildert werden, wie die Grausamkeit über die Freiheit siegte; auf einer Kindertrommel wird zum Widerstand getrommelt.

Im Ei. Erstdruck: *Akzente* 5 (1958) Heft 1, S. 59 f. Veröffentlichung in dem Gedichtband *Gleisdreieck*. Gedichte mit Zeichnungen des Verfassers, Neuwied/Berlin: Luchterhand, 1960. – Zitiert nach: Günter Grass: *Gedichte*, Stuttgart 1985 (Reclams Universal-Bibliothek, Nr. 8060).

In seinem Rückblick *Vier Jahrzehnte* berichtet Grass: »Der zweite Gedichtband, noch in Paris geplant, sollte *Im Ei* heißen; dann setzte sich Berlin durch: *Gleisdreieck*.«[7] Die Berliner S-Bahn-Station »Gleisdreieck« vor der damaligen Sektorengrenze markiert Berlin als den literarischen Ort, der bis 1989 genau an der Schnittstelle einer politisch, wirtschaftlich und ideologisch zweigeteilten Welt lag. Mit dem Titel *Gleisdreieck* wurden Texte zur politischen Auseinandersetzung in Aussicht gestellt.

Das Stichwort »Ei« löst zunächst andere Assoziationen aus. Religiöse Texte, Mythen und Märchen geben dem Ei einen

---

6 Zitiert nach: Volker Neuhaus, *Schreiben gegen die verstreichende Zeit. Zu Leben und Werk von Günter Grass*, München 1997, S. 37.

7 Günter Grass, *Vier Jahrzehnte. Ein Werkstattbericht*, hrsg. von G. Fritze Magull, Göttingen 1991, S. 83.

symbolischen Sinn, der Fragen nach dem Ursprung und
Anfang des Lebens beantworten soll. Eine ganze Kosmologie, eine Gesamtvorstellung von Welt und Weltall, von Anfang und Schöpfung, von Mensch und Schöpfer scheint die
erste Zeile des Gedichts zu enthalten: »Wir leben im Ei.«
Mit dem »Wir« ist die Gesamtheit der Menschen gemeint –
alle, die jetzt leben; alle, die vor uns lebten; alle, die noch
»gebrütet werden«. Und alle »leben im Ei«: Alle sind um-
hüllt von einer harten Schale, sitzen im Dunkeln und stoßen
ab und zu an die harten Begrenzungen ihres Daseins. Die
hier im Bild vorgestellte Weltordnung erinnert von ferne an
das barocke Gedicht *An die Sternen* von Andreas Gryphius,
welches das von der Bibel tradierte Weltbild entfaltet: Der
Mensch lebt auf der Erde wie in einem Weltinnenraum;
Gott, sein Schöpfer, existiert in einem Jenseits; das Diesseits
und das Jenseits sind durch eine feste Grenzlinie getrennt;
das Jenseits, auf das sich das ganze Streben des Menschen
richtet, lockt durch die Sterne, die an der Grenze zwischen
Diesseits und Jenseits einerseits als »Wächter«, andererseits
als »Herolden diser Zeit« und als »Bürgen [seiner] Lust«
stehen. Das Ziel der Menschen liegt jenseits der Grenzen in
einem Jenseits.

Auch das Gedicht *Im Ei* spricht über ein Diesseits, ein Jenseits und die harte Grenze dazwischen. Diejenigen, die »im
Ei« leben, »werden gebrütet«. Sie befinden sich, wie man
annehmen soll, in einem Durchgangsstadium und hoffen
auf Weiterentwicklung und Vollendung. Vorläufig sehen sie
gegen die »Innenseite der Schale« und bekritzeln diese »mit
unanständigen Zeichnungen und den Vornamen unserer
Feinde«. Etwas, das den Sternen bei Gryphius vergleichbar
wäre und einen Hoffnungsschimmer verbreiten könnte, ist
nicht zu sehen. Folgerichtig tauchen am Schluss des Gedichts Zweifel auf:

> Und wenn wir nun nicht gebrütet werden?
> Wenn diese Schale niemals ein Loch bekommt?

Alles hängt davon ab, dass außerhalb dieser Schale eine Macht ist, welche die Eingeschlossenen »brütet«, befreit und dann beschützt.

Zwangsläufig ist die Frage nach dem »Brütenden« zu stellen: Ist dieser Brütende ein wirklich existierendes Wesen oder ein Produkt unserer Phantasie? Vorsichtig wird zusammengetragen: »Wir nehmen an [. . .]. Wir stellen uns vor [. . .]. Unsere Propheten im Ei [. . .] nehmen [. . .] an.« Viel spricht für die Vermutung: »Wer uns auch brütet, unseren Bleistift brütet er mit.« In den Menschen ist ein »Bildnis des Brütenden« angelegt; der Bleistift, der für den schreibenden oder auch zeichnenden Künstler stehen mag, ist prädisponiert, »ein gutmütiges Geflügel« zu entwerfen, das einer »brütenden Henne« gleich den im Ei Eingeschlossenen zum Leben verhilft und diese dann beschützt. Fraglich ist aber, ob dieses Bild vor der Wirklichkeit bestehen kann. Könnte es nicht auch sein, »daß jemand außerhalb unserer Schale Hunger verspürt, uns in die Pfanne haut und mit Salz bestreut«? Das Wesen außerhalb der Schale ist nicht zwingend ein schaffender, schützender oder strafender Gott; es kann eben auch eine zerstörende, vernichtende, unberechenbare Macht sein.

Die Schlussfrage bleibt offen: »Was machen wir dann, ihr Brüder im Ei?« Wo der Blick nach außen versperrt ist, bleibt nur noch der Blick nach innen. Die Menschen haben sich eingerichtet, haben »ein Dach überm Kopf«, »reden den ganzen Tag«, verhalten sich wie »Embryos mit Sprachkenntnissen« oder wie »senile Küken«. Sie sind technisch versiert und haben sogar »Brutkästen erfunden«, die man andern Orts als »Patent empfehlen« könnte; pädagogisch auf der Höhe sorgen wir »uns sehr um unseren Nachwuchs im Ei«. Auf hohem Niveau existieren die Menschen im Ei. Die entscheidenden Fragen jedoch, nämlich die nach Ursprung, nach Sinn und Ziel unseres Lebens bleiben offen, müssen offen bleiben.

Die Hoffnung auf Befreiung – »Wann schlüpfen wir aus?« –
dürfte sich als trügerisch erweisen; sehr viel wahrschein-
licher ist, dass ein »jemand [...] uns in die Pfanne haut«,
dass die Ei-Schale nicht zur Befreiung, sondern zur endgültigen Vernichtung zerschlagen wird. Aber auch dies ist nicht
Gewissheit, sondern vorläufig unerklärliche Furcht. Was
Religionsstifter, Mythenerzähler und Ideologen an Erklä-
rungsversuchen abgeben, ist mit Skepsis zu betrachten:
»Weder Künstler werden uns je ›ein Bildnis des Brütenden
machen‹, noch werden Spekulationen und Prophezeiungen
der Ideologen oder die Erfindungen der Technologen über
den vorgegebenen blinden oder stummen Horizont, der
uns umschließt, hinauskommen; was er an Sinn hergibt, ist
der, den wir selbst in Wünschen, Träumen, Sehnsucht und
Haß darauf projizieren. Dieses Weltbild ist eine grundsätz-
liche Konstante in Grass' Werk.«[8]
Wenn man in dem Gedicht eine Kosmologie erkennen will,
so kann es sich nur um eine negative handeln.

Racine läßt sein Wappen ändern.   Erstdruck: *Gleisdrei-
eck*. Gedichte mit Zeichnungen des Verfassers, Neuwied/
Berlin: Luchterhand, 1960. – Zitiert nach: Günter Grass:
Gedichte, Stuttgart 1985 (Reclams Universal-Bibliothek,
Nr. 8060).

Der berühmte französische Dichter Jean Racine schreibt im
Januar 1697 in einem Brief an seine Schwester: »Ich weiß,
daß das Wappen unserer Familie eine Ratte und ein Schwan
sind, wovon ich nur den Schwan beibehalten habe, weil die
Ratte mich schockierte.«[9] Dies ist der Kern einer Anekdote,

---

8 Volker Neuhaus, »Das Chaos hoffnungslos leben. Zu Günter Grass' lyri-
   schem Werk«, in: Manfred Durzak (Hrsg.), *Zu Günter Grass: Geschichte
   auf dem Prüfstand*, Stuttgart 1985, S. 22.
9 Rainer Scherf, *»Katz und Maus« von Günter Grass: Literarische Ironie nach
   Auschwitz und der unausgesprochene Appell zu politischem Appell*, Marburg
   1995, S. 244

auf die Grass in seiner Novelle *Katz und Maus* anspielt und
die er hier zu einem poetologischen Gedicht ausgestaltet.

Jean Racine (1639–99) gilt als Vollender der französischen
klassischen Tragödie. Wie sein Vorgänger Pierre Corneille
glaubte auch er, dem Geist der antiken klassischen Tragödie
am besten dadurch zu entsprechen, dass er sich an die be-
rühmten drei Regeln der Einheit von Ort, Zeit und Handlung hielt. Bis in die einzelne Verszeile strebte er nach
Formvollendung und wirkte damit auf die Dramenpoetik
in ganz Europa. In Deutschland wurde der Vorbildcharak-
ter der französischen Klassiker in dem Augenblick bestritten, als Lessing das Konzept Gottscheds angriff und Shakespeare als den Autor anpries, der den Bedürfnissen seiner
Generation eher entspreche und der den Geist der Antike
eher lebendig erhalte als die Franzosen.

Das Wappen, in dem Racine sein Aushängeschild sieht, ist
zunächst nichts anderes als die Verbildlichung einer interes-
santen, wenn auch wissenschaftlich nicht haltbaren Na-
mensetymologie: Zieht man die französischen Substantive
rat = Ratte und *cygne* = Schwan zusammen, so erhält man
eine Lautfolge, die den Namen des Dichters erkennen lässt
und die überdies – als Substantiv verstanden – »Wurzel« bedeutet. Im Ursprung, von der Wurzel her betrachtet, ver-
einigt der Dichter Racine in sich einen Schwan und eine
Ratte.

»Ein heraldischer Schwan« macht also den oberen Teil des
Wappens aus. Racine sieht in jenem Teil, »welcher weiß ist«,
einen Hinweis auf die Schönheit, auf die Weiße und Licht-
heit seiner Verse. Der Schwan, der auf der glatten Oberfläche eines Teiches dahingleitet und vom Mondlicht sanft be-
schienen ist, steht für eine Poesie, die die Welt zwar spiegelt, aber doch mit einem schönen Schein versieht, die als
regelhaft gestaltete Nachahmung von Wirklichkeit zwar
wahr ist, die aber »kühl und gemessen«, also völlig abge-
klärt, mitteilt, was sie zu sagen hat. Ein Bekenntnis zum

Konzept des Klassizismus könnte nicht deutlicher ausgesprochen werden.

So scheint es konsequent, dass Racine in dem Augenblick,
in dem er mit seinem Wappen das Programm seiner Kunstauffassung vermitteln will, allein auf den Schwan setzt und
»die heraldische Ratte [. . .] streicht«. Dies aber ist, wie sich
zeigen wird, höchst problematisch.

Die »heraldische Ratte« des Gedichts muss man sich als
»Wasserratte« vorstellen, die »wie Wasserratten es tun, von
unten mit Zähnen den schlafenden Schwan« annagt.
Schwarz, grau, aggressiv sind Attribute dieses Tiers, das aus
dem Wasser auftaucht, die schöne Wasseroberfläche durchbricht und Grauen verbreitet. Es steht für eine Poesie, die
den schönen Widerschein zerstört und – sozusagen von unten – das Dunkle, Untergründige, Schattenhafte an die
Oberfläche bringt.

In der höfischen Welt – und vielleicht auch in der bürgerlichen – scheint die Übereinstimmung zu herrschen, dass
Kunst und Literatur Bereiche sind, die vom Schwan bestimmt werden. So fragen »Freunde« den Dichter »nach seinem Schwan«; der Dichter Racine selbst ist ganz auf den
Schwan ausgerichtet und entschließt sich, »die heraldische
Ratte« aus dem Aushängeschild zu streichen, als er sieht,
dass die Ratte den Schwan »mit Zähnen« angeht und der
Schwan schmerzhaft aufschreit. Diese Änderung des Wappens erweist sich allerdings als eine folgenschwere Fehlentscheidung; denn in Zukunft wird der Schwan, »weiß,
stumm und rattenlos«, »seinen Einsatz verschlafen«. Die
Herausforderung durch die Ratte fehlt. Und auch die
Freunde, die »nach seinem Schwan fragen«, wurden missverstanden, da sie eigentlich »die Ratte meinen«, wenn sie
nach dem Schwan fragen. Selbst im Theater erwartet man
eher die inhaltliche und gedankliche Auseinandersetzung
als das glatte Sprachkunstwerk.

Das Missverständnis hat Folgen: »Racine entsagt dem
Theater.« Indem er sich ausschließlich einem einseitigen

Schönheitsideal verpflichtet hat, hat er die Aufgabe der Kunst insgesamt verfehlt. Wer sich allein auf die Schwäne bezieht, verflacht:

> Schwäne schlafen
> dort wo es seicht ist.

Der Dichter wird – wie der Schwan – »seinen Einsatz verschlafen«, wenn er sich – wie der Schwan – an den Teich stellt und »auf Verse aus« ist.

Wer die Ratte aus dem Wappen streicht, ist untauglich zum »Einsatz«. Die Ratte – das »ist der Abgrund, der Untergrund, ist die Nachtseite des Daseins, ohne die auch höchste Kunst, ja, gerade höchste Kunst, nicht auszukommen vermag«.[10] Das Gedicht ist Plädoyer für die Ratte. Die Existenzberechtigung der Schwäne wird nicht angezweifelt, im Gegenteil, sie wird vorausgesetzt. Aber in einer Zeit, in der das Untergründige höchste Wirkung entfaltet hat und in der »Mondlicht« zur falschen Beleuchtung geriet, muss auf die allzeit nagende Ratte gesetzt werden, die das Abgründige bewusst macht.

Mit dem Gedicht, das 1960 in dem Band *Gleisdreieck* erschien, ist nicht nur die Erzählhaltung Oskars, des Blechtrommlers, gerechtfertigt, sondern auch schon ein Vorgriff auf den Roman *Die Rättin* getan, deren Lebensgrundlage der Abgrund ist.

Ausgefragt. Erstdruck: *Der Monat* 19 (1967) Heft 220, S. 49. Veröffentlichung in dem Gedichtband *Ausgefragt. Gedichte und Zeichnungen*, Neuwied/Berlin: Luchterhand, 1967. – Zitiert nach: Günter Grass: *Gedichte*, Stuttgart 1985 (Reclams Universal-Bibliothek, Nr. 8060).

Durch den Aufstand am 17. Juni 1953, in dem sich die Bevölkerung der DDR gegen die Regierenden auflehnte, und

---

10 Gertrud Fussenegger, »Racine läßt sein Wappen ändern«, in: *Frankfurter Anthologie* (Anm. 5), Bd. 10, Frankfurt a. M. 1986, S. 229.

mehr noch durch den Mauerbau in Berlin, durch den die
Grenzlinie der politisch und militärisch zweigeteilten Welt
in Berlin unüberbrückbar gemacht werden sollte, war Berlin zu einem Brennpunkt der Weltpolitik geworden. Grass
lebte in dieser Stadt von 1953 bis 1956, dann wieder von
1960 an bis in die achtziger Jahre. Rückblickend schreibt er:
»Ab Mitte der sechziger Jahre hatte uns alle mehr oder weniger die Politik am Wickel. Mich wollte sie lange nicht los-
lassen. Wahlkämpfe unter eigens entworfenem Signum,
dem Es-Pe-De krähenden Hahn. Gut sieben Jahre sollte
mich diese Daueranstrengung in Atem halten.«[11] Der Lyrikband *Ausgefragt*, der 1967 erschien und der mit dem Titel-
gedicht auf die Themen der folgenden anspielt, enthält
hauptsächlich Gedichte aus dem Jahr 1966.
Die Druckanordnung hebt die innere Struktur des Gedichts
hervor: Nach sechs Zeilen eines staccatoartig herausgesto-
ßenen inneren Monologs ohne zu Ende geführte Satzglät-
tung folgen zwei Blöcke eines streng geführten Frage-Ant-
wort-Spiels von insgesamt 17 Zeilen. Fünf Zeilen setzen
den inneren Monolog fort; zwei Zeilen Frage-Antwort-
Dialog schließen den Text ab. Angesichts der 16 Fragen, die
dem sprechenden Ich gestellt werden, bedarf die Überschrift des Gedichts keiner weiteren Rechtfertigung.
Doch gerade der Titel des Gedichts und deshalb des ganzen
Bandes ist doppeldeutig. Es fragt sich: Ist dieses »aus«, das
hier als Präfix gesetzt ist, eine Kurzform von »heraus« und
meint es, dass im Folgenden ein Fragender, vielleicht ein
Interviewer einiges aus einem Befragten, der hier redet,
herausholen möchte oder schon herausgeholt hat? Oder
deutet das »aus« auf das Ende der Befragung, ein Ende, bei
dem alles Wichtige gesagt ist, oder ein Ende, bei dem entweder das Thema oder der Befragte erschöpft ist? Ist »Ausgefragt« ein Zustand der Abgeschlossenheit oder der Erschöpfung?

---

11 Grass (Anm. 7), S. 127.

Der hier redet, hat einiges hinter sich. Er hat – offensichtlich als Wahlredner – »periodenlang« vom überzeugenden »Beispiel« ausgehend und auf das schlimme »Damals« verweisend, »Arbeit ohne Netz« geleistet, und hat doch sein Ziel nicht erreicht. Die Frage, ob sich die Anstrengung lohne, hat sich gestellt:

> Nach großem und nach kleingemünztem Zorn, –
> [. . .]
> will, will ich, will ich ganz und gar . . .

Das »nicht mehr«, das sich so selbstverständlich anschließen ließe, wird nicht – vorläufig nicht – ausgesprochen. Die Fragen, die von den Mitstreitern, von Freunden, vielleicht von der Familie, sicher auch vom umworbenen Publikum gestellt wurden, ziehen noch einmal vorbei, zwingen zur knappen Reaktion und warten auf eingehende Behandlung. Zum Teil verlangen sie Auskunft über die Vergangenheit: »Und was hast du gemacht [. . .]? [. . .] Und wurdest schuldig? [. . .] Und deine Wut? [. . .] Die Scham? [. . .]«; zum Teil richten sie sich in die Zukunft: »Und deine Hoffnung? [. . .] Dein großer Plan?« In ihrer knappen Form wirken sie wie Vorwürfe, die den Befragten schwer treffen und auf die er nur noch resignierend und zynisch eingehen kann:

> Und die Natur? – Oft fahr ich dran vorbei.
> Die Menschen? – Seh ich gern im Film.

Das noch ausstehende »nicht mehr« scheint nun vorbereitet. Und tatsächlich läuft im inneren Monolog der Entschluss ab:

> [. . .]
> ich will nicht mehr vergleichen
> und widerkäuen, Silben stechen
> und warten, bis die Galle schreibt.

Doch dies ist nicht das letzte Wort. Nicht die subjektive Befindlichkeit entscheidet, wie es weitergeht, sondern die

Frage des Dialogpartners: »Soll ich noch fragen?« Die Antwort lautet: »Frag mich aus.«
Der Befragte stellt sich zur Verfügung; er wird Erinnerungen und Erfahrungen darlegen, wird Rechenschaft geben, Meinungen vertreten, Anmerkungen machen. Er wird sich ausfragen lassen, bis er ausgefragt ist. Das »Nicht mehr« ist Pause, nicht Ende.

Ehe. Erstdruck: *Ausgefragt.* Gedichte und Zeichnungen, Neuwied/Berlin: Luchterhand, 1967. – Zitiert nach: Günter Grass: *Gedichte*, Stuttgart 1985 (Reclams Universal-Bibliothek, Nr. 8060).

Zusammen mit den Gedichten *Stiller Abend* und *Advent* bildet das Gedicht *Ehe* eine »Krisentrilogie«[12], die ihr Thema aus dem Privatleben des Autors in den Jahren zwischen 1960 und 1965 bezieht. Der Gedichtband *Ausgefragt*, der insgesamt als »ein Buch der Inventur«[13] verstanden werden kann, zieht eine vorläufige Bilanz nicht nur des poetischen und politischen Wirkens, sondern auch der persönlichen Entwicklung.
Unverfänglich, als wolle sich ein Paar einer Gruppe vorstellen, beginnt der Text: »Wir haben Kinder« und fährt fort, als müsse er vor falschen Erwartungen an die Pluralform bewahren: »das zählt bis zwei.« Das »wir«, das so selbstbewusst an den Anfang gestellt wird und das für Eheleute die Normalform sein sollte, wird noch einige Male das Subjekt der Sätze bilden: »Wir denken sparsam in Kleingeld; manchmal [...] sind wir zärtlich« und: »Was sind wir uns schuldig?« Sobald diese letzte Frage auftaucht, ist das »wir« allerdings schon brüchig geworden.

12 Neuhaus (Anm. 6), S. 122.
13 Harald Hartung, »Narr mit Silberblick. Der Lyriker Günter Grass«, in: Franz Josef Görtz (Hrsg.), *Auskunft für den Leser*, Darmstadt/Neuwied 1984 (Sammlung Luchterhand, 543), S. 169.

Andere haben es früher gemerkt: »Vom Auseinanderleben sprechen die Freunde.« Wie sie zu dieser Vermutung kommen, bleibt unklar; denn aus der Tatsache, dass »wir in verschiedene Filme« gehen, auf eine Krise in der Ehe zu schließen, wäre einigermaßen absurd. Und trotzdem gibt das Stichwort »Auseinanderleben« zu denken. Es gilt Inventur zu machen, Bilanz zu ziehen, kritische Punkte zu erörtern.

»Immer noch« gibt es gemeinsame »Interessen«, gegenseitige Hilfe und »Gespräche, bis alles besprochen ist«. Doch scheinen diese Gespräche eher zu erschöpfen als zu gelingen; sie werden nicht abgebrochen, sie laufen aus: »Erschöpfung lügt Harmonie.«

»Ihre Liebe« kam, anders als es in Erich Kästners berühmtem Gedicht *Sachliche Romanze* geschildert wird, keineswegs »plötzlich abhanden«.[14] Im Gegenteil: Sie haben »nach elf Jahren noch Spaß an der Sache«, begehren durchaus noch ab und zu, biblisch gesprochen, »ein Fleisch [zu] sein«, und leben dann, auf Augenblicke hin, im Einverständnis. Sehr bald zerfällt das Wir dann jedoch wieder in ein Ich und ein Du. Imperative und gegenseitige Vorwürfe häufen sich bis zu dem umgangssprachlichen Anwurf »Hau doch ab« und der Feststellung »Unser Haß ist witterungsbeständig«. Bald hat das Wir nur noch für juristische Akte Bedeutung: Zur Steuer lässt man sich gemeinsam veranlagen und die »Zeugnisse der Kinder« nimmt man gemeinsam zur Kenntnis. Der offizielle »Schluß« ist abzusehen – jedoch: »Erst übermorgen«.

In 37 Zeilen, durch Einzüge, jedoch nicht in Strophen strukturiert, reimlos und metrisch unregelmäßig, wird vom langsamen Scheitern einer Ehe gesprochen. Grass hat nie versucht, zu verheimlichen, dass es seine Ehe mit Anna Schwarz war, die hier in die Brüche ging und die dann 1978 geschieden wurde. In seinem Rechenschaftsbericht *Vier Jahrzehnte* resümiert er: »Eine unruhige, rhetorisch aufge-

---

14 *Dr. Kästners lyrische Hausapotheke*, Zürich 1936, S. 6.

regte Zeit. Das Handgepäck immer griffbereit. Mein dritter
Sohn, Bruno, '65 geboren, hat mich allzu oft abwesend erlebt. Und auch die Ehe mit Anna begann – wenn man Ehe
als Brückenkonstruktion begreift – unter Materialermü-
dung zu leiden.«[15] Es ist die Zeit, die der Autor im *Tagebuch einer Schnecke* erörtert. Auch dort redet er – im
15. Kapitel – von seiner Frau, seinen Kindern, von sich und
seiner Ehe. Man mag dort, wenn man will, ein paar biogra-
phische Details mehr entdecken, wenn man in der Lage
ist, »zwischen Löchern«[16] zu lesen. Eine genauere Krisen-
beschreibung als die im Gedicht vorgelegte wird man
nicht finden.

Andauernder Regen.   Erstdruck: *Die Woche*, 25. Februar
1993, S. 30. – Zitiert nach: Günter Grass: *Novemberland*. 13
Sonette und 13 Sepia-Zeichnungen, Göttingen 1993. Nr. 8.

Das Gedicht gehört zu einem Zyklus von dreizehn Sonet-
ten, die Grass im November und Dezember 1992 schrieb,
Anfang 1993 unter dem zusammenfassenden Titel *Novemberland* veröffentlichte und von denen er meinte, es sei ihm
»gelungen, auf die amorphen deutschen Befindlichkeiten
[zu] reagieren«[17]. Als kritischer Beobachter setzt er sich mit
Zeiterscheinungen auseinander, die von allgemeinem Interesse sind. Dazu gehören vor allem die Vorgänge, die unter
dem Stichwort »Wende« zusammengefasst werden. Der Zusammenbruch des politischen und wirtschaftlichen Systems
der DDR, der Beitritt der DDR zur Bundesrepublik
Deutschland und der Prozess dieser Vereinigung lösten
kontroverse Meinungen aus. In dieser Situation war es zu-

15 Grass (Anm. 7), S. 133.
16 Günter Grass, *Aus dem Tagebuch einer Schnecke*, Darmstadt/Neuwied
    1972, S. 174.
17 Brief vom 9. Februar 1993 an Christa Wolf, zitiert nach: Neuhaus
    (Anm. 6), S. 216.

sätzlich bedrückend, dass in Mölln, in der Nähe des Wohnorts von Grass, drei türkische Frauen bei einem ausländerfeindlichen Brandanschlag ums Leben gekommen waren. Nach der Aufbruchstimmung des Jahres 1989 verbreiteten sich Ernüchterung und Erschütterung, die einerseits Grundlage für konstruktive Arbeit hätten sein können, andererseits aber auch die Gefahr in sich bargen, zur Resignation zu führen.

Der Titel des achten Sonetts – *Andauernder Regen* – lehnt sich an die Formulierung der Wettervoraussage an und stellt – jedenfalls in Deutschland – eine negative Grundstimmung fest. Dauerregen löst Niedergeschlagenheit aus:

> Die Angst geht um, November droht zu bleiben.
> Nie wieder langer Tage Heiterkeit.

In direktem Gegensatz stehen also die langen Tage des Sommers mit heiterem Sonnenhimmel zu dem, was man jetzt im November erlebt. Aufgelöst sagt diese Wetterallegorie, dass augenblicklich mit nichts Gutem zu rechnen sei. Der November hat jedoch nicht nur in der Wettermetaphorik einen schlechten Stellenwert. Auch Erinnerungen an politisch folgenschwere Ereignisse verbinden sich mit dem Monat: Hitler-Putsch (1923) und Pogromnacht (1938). Wer mit solchem historischen Wissen die Gegenwart des Novembers 1992 mit dem Brandanschlag in Mölln und den Schwierigkeiten der »Wende« betrachtet, fühlt sich in seiner Skepsis bestärkt und ist von Pessimismus bedroht.

»Die Angst geht um«, heißt es. Aber es sind unterschiedliche Ängste, die bei den verschiedenen Gruppen der Bevölkerung festzustellen sind. Da sind die »Bauherrn«, die befürchten, der »Pfusch von gestern« könnte zutage treten. Gemeint sind einerseits die Planer und Handwerker, die schludrig gearbeitet haben; gemeint sind aber auch die Politiker, die gerne die Hausbauallegorie verwenden, wenn sie vom Staat reden, und nun feststellen könnten, dass die »Fundamente«, auf denen das Haus der Einheit errichtet

werden soll, nicht tragfähig sind. So berechtigt diese Ängste
sein mögen, so unberechtigt sind jene der »Jugend [...] –
schon früh vergreist – um ihre Rente« und so abstoßend die
der Volksvertreter um ihre Zukunft und ihre Diäten.

Zu diesen offen geäußerten Ängsten kommen noch jene
hinzu, von denen der Autor gepackt ist, die aber von der
Mehrheit der Bevölkerung ignoriert werden: Es ist die
Angst vor dem Rechtsradikalismus, wenn »Skins mit
Schlips und Scheitel [...] Orden« erhalten; und es ist die
Angst vor der sich verbreitenden Armut, wenn Wirtschafts-
politik aus dem gegebenen »Zeitgeist« gemacht wird: »Still-
stand folgt dem Schnellimbiß der Zeit.«

Der hier spricht, der hier »im Novemberregen weint«, ist
sich bewusst, dass er ein »Narr« ist oder als solcher angesehen wird. Er mag sich als der traurige Narr vorkommen,
wie er in Shakespeares Tragödien anzutreffen ist. Vielleicht
empfindet er sich auch dem Hofnarren vergleichbar, dem
man zubilligt, Unangenehmes verkleidet aussprechen zu
dürfen. Jedenfalls ist er jemand, der nicht vom »Zeitgeist
[...] gedopt« ist, der mit »im Novemberregen« steht und
»weint« und der nicht bereit ist, sich herauszuhalten.

Es mag überraschen, dass der Autor sich da der strengen
Sonettform bedient, wo er Themen unmittelbarer Aktuali-
tät behandelt. Er fügt sich dieser weit verbreiteten Gedicht-
form mit ihrem strengen Aufbau, indem er zwei Quartetten
mit gekreuzter Reimstellung zwei Terzette folgen lässt, die
wieder durch Reime verbunden sind. Die Verszeilen sind
jambisch geordnet und enthalten durchgehend, wie es die
Tradition will, fünf Versfüße. Es ist jedoch daran zu erinnern, dass auch Andreas Gyphius die *Trauerklage des ver-
wüsteten Deutschlandes* in Sonettform vortrug und dass
man in den Dichtungen und Schriften von Georg Heym
eine Folge von Berlin-Gedichten aus dem Jahr 1910 findet,
die meisten in Sonettform, die auch in der Intention zum
Vergleich herausfordern:

> Der Regen rauscht in einer weißen Wand.
> Die Wolken fliehn, als ob sie Sturm zerbliese.
> Das Regenwasser läuft am Straßenrand
> Und auf dem Asphalt hin in heller Brise.[18]

Und Grass 1992:

> Die Angst geht um, November droht zu bleiben.
> Nie wieder langer Tage Heiterkeit.
> Die letzten Fliegen fallen von den Scheiben,
> und Stillstand folgt dem Schnellimbiß der Zeit.

2. Dramatik

Die Plebejer proben den Aufstand. Ein deutsches Trauer-spiel. Erstaufführung: Berlin, Schiller-Theater, Januar 1966. Erstausgabe: Neuwied/Berlin: Luchterhand, 1966. – Zitiert nach der Erstausgabe.

Als »Theaterspiele« werden die frühen Versuche wie *Beritten hin und zurück* (entst. 1954), *Hochwasser* (entst. 1955), *Onkel, Onkel* (entst. 1956), *Noch zehn Minuten bis Buffalo* (entst. 1957), *Die bösen Köche* (entst. 1957), das parallel zu dem Roman *örtlich betäubt* entstandene Drama *Davor* (entst. 1968) und schließlich das eigenständige, umfassende Stück *Die Plebejer proben den Aufstand* in der Gesamtausgabe des Autors in einem Band zusammengefasst. Dabei ragt das letztgenannte Werk, das in den Jahren 1965 und 1966 entstand, das dann 1966 am Schiller-Theater in Berlin uraufgeführt und im gleichen Jahr im Luchterhand-Verlag gedruckt wurde, an Bedeutung und Bekanntheit deutlich gegenüber allen anderen dramatischen Versuchen hervor.

18 Georg Heym, »Berlin V«, in: Jürgen Schutte / Peter Sprengel (Hrsg.), *Die Berliner Moderne 1885–1914*, Stuttgart 1987 [u. ö.] (Reclams Universal-Bibliothek, Nr. 8359), S. 318.

Nach der Uraufführung wurde es im gleichen Jahr noch in
Karlsruhe und bei den Festspielen in Bad Hersfeld gespielt,
ein Jahr später in München und Düsseldorf, danach in Ox-
ford und London. Als man 1998 an Brechts hundertsten
Geburtstag erinnern wollte, zeigten unter anderen die Bühnen in Braunschweig mit gutem Grund dieses Drama, in
dessen Mittelpunkt eine Figur steht, die auf den Dichter
Bertolt Brecht verweist.

Die Anspielungen auf den Dramenautor und Theaterregis-
seur Brecht, auf seine Biographie, seine Werke und seine
Konzeption vom Theater sind zu deutlich, als dass man sie
übersehen könnte. So wird an eine von Brecht, Arnolt
Bronnen und Alfred Döblin 1926 veranstaltete Matinee erinnert; auf seine Gedichte *Vom armen B.B.* und *Beim Lesen
des Horaz* angespielt; seine Konzeption vom Lehrtheater
wird erwähnt und seine Überlegungen bei der Umarbeitung
und Inszenierung von dramatischen Texten werden vorgeführt. Wie Brecht leitet die Hauptfigur, im Drama der
»Chef« genannt, das Theater und wartet wie Brecht einst
auf »ein neues Haus«, das durch »die Regierung des ersten
deutschen Arbeiter- und Bauernstaates« vermittelt werden
soll. Es fällt schwer, bei all diesen Andeutungen nicht an das
Deutsche Theater in Berlin zu denken, wo zwischen 1949
und 1954 das Berliner Ensemble unter Brecht spielte, wenn
nach dem Ort der Handlung des *Plebejer*-Stücks gefragt
wird.

Trotzdem ist der Hinweis ernst zu nehmen, dass Grass
»kein verschlüsseltes Brecht-Porträt« habe liefern wollen,
sondern dass die »Figur des Chef für die Position des mar-
xistischen, also politisch engagierten Intellektuellen«[19] steht.
Dieser Intellektuelle ist durch die Ereignisse, die sich am
17. Juni 1953 in der damaligen DDR und vor allem im Ostteil von Berlin auf einen kritischen Höhepunkt zu entwik-
keln, besonders herausgefordert. Beobachtet wird, wie sich

---

19 Grass (Anm. 1), Bd. 8: *Theaterspiele*, S. 588.

der marxistische Intellektuelle in einer Situation verhält, in der sich die Arbeiter gegen eine Regierung erheben, die angeblich die Interessen gerade dieser Arbeiter in einem Arbeiter-und-Bauern-Staat vertritt, als welchen sich die »Deutsche Demokratische Republik«, also die DDR, versteht. Im Juni 1953 wird die nach sowjetischem Muster errichtete Volksrepublik, in der Verwaltung und Staat nach dem zentralistischen Prinzip organisiert sind und in dem die SED-Organe absolutes Kontroll- und Weisungsrecht haben, in Frage gestellt. Der Aufstand vom 17. Juni richtet sich gegen das SED-Regime, gegen die dort tonangebenden Vertreter eines kompromisslosen »Moskauer Kurses«, vor allem gegen den Vorsitzenden des Staatsrates, Walter Ulbricht, der im Stück wie im Volksmund »Spitzbart« genannt wird; gefordert werden Verbesserung der Arbeits- und Lebensbedingungen und freie Wahlen.

Die Grundstruktur des Stückes lässt sich durch eine genaue Analyse des Dramentitels erschließen.

Vordergründig geht es um die Inszenierung eines Theaterstücks: Schauspielerinnen und Schauspieler »proben«, angeleitet durch ihren »Chef«, für den »ein bequemer Lehnstuhl und ein kleiner Tisch« als Regiepult bereit steht, wie man unter den gegebenen Verhältnissen Shakespeares Drama *Coriolan* dem Publikum vermitteln könne.

Um das Drama als lebensnah und diskussionswürdig anzubieten, sind Eingriffe nötig. Vor allem muss die Partei der »Plebejer« aufgewertet werden. Shakespeare hat in seinem 1608 in London aufgeführten Werk, das sich ziemlich genau an die Quellen der römischen Geschichtsschreiber hält, »die Tragödie des aristokratischen Hochmutes, des allzu bewußt zur Schau getragenen Stolzes eines edlen, großen Mannes gegenüber dem niederen Volk«[20] zeigen wollen; der »Chef« möchte dagegen mehr die Not der Ausgebeuteten und die Berechtigung ihrer Auflehnung gegen die Staatsmacht zei-

---

20 Otto C. A. zur Nedden / Karl H. Ruppel (Hrsg.), *Reclams Schauspielführer*, Stuttgart 1955 [u. ö.] (Reclams Universal-Bibliothek, Nr. 7817), S. 163.

gen: »Plebejer und Tribunen will der Chef aufwerten, damit Coriolan auf klassenbewußte Feinde stößt« (I,1). Der »Aufstand«, den die Plebejer im alten Rom organisiert haben, wird also gerechtfertigt. Shakespeares Werk wird so als revolutionäres Drama gedeutet, inszeniert und geprobt.
Sobald jedoch Bauarbeiter von der Stalin-Allee ins Theater eindringen und den Chef bitten, für sie ein »Manifest« (I,6) zu verfassen, aus dem hervorgeht, dass die Arbeiter gegen Anordnungen der Regierung protestieren und eine Änderung der Arbeits- und Lebensbedingungen verlangen, merkt jeder, dass es nicht mehr um den Aufstand im alten Rom, sondern um den aktuellen in Berlin, »Bitterfeld und Halle, [. . .] Magdeburg und Halberstadt« geht. Der »Chef« durchschaut, dass diese Arbeiter »'nen Aufstand auf die Beine stellen« (I,6) wollen, obwohl diese herunterspielen: »Na, Aufstand ist zu hoch gegriffen« (I,6).
Hintergründig, aber hauptsächlich werden also die Ereignisse vom 17. Juni 1953 in Berlin, der »Juni-Aufstand«, zur Diskussion gestellt. Die Rolle der Plebejer wird jetzt von den Arbeitern in Berlin eingenommen. Folglich werden drei Ebenen in Bezug gesetzt: Grundlage sind die geschichtlichen Ereignisse aus dem fünften Jahrhundert vor Christus, als Coriolan von der römischen Plebs vertrieben wurde und sich den Feinden Roms anschloss; Shakespeare gestaltet den Untergang dieses stolzen und machthungrigen Mannes und die Durchsetzungskraft der Plebejer; der »Chef« will dieses Drama durch eine entsprechende Überarbeitung und Inszenierung aktualisieren; im wahren Sinne aktuell wird das Stück jedoch erst, als die Arbeiter, also die Plebejer der Gegenwart, beginnen, tatsächlich einen Aufstand zu organisieren. Damit rechtfertigt sich schließlich der Untertitel: »Ein deutsches Trauerspiel«. Aber auch hier ist auf eine Doppeldeutigkeit aufmerksam zu machen. Es wäre zu einfach anzunehmen, hier werde eine Gattungsbezeichnung etwa als Fortsetzung des »Bürgerlichen Trauerspiels« geliefert. Eher als die Ereignisse auf der Bühne ist nämlich das politische

Geschehen in und um Berlin als »deutsches Trauerspiel« zu bezeichnen.

Der Regisseur des Shakespeare-Stücks, der »Chef«, spricht zwar als erster das Wort »Aufstand« aus, doch erkennt er keineswegs die Bedeutung der Ereignisse in der Stadt. Vielmehr spürt er, dass er die eindringenden Arbeiter als Vorlage für seine Plebejer auf der Bühne benutzen kann. Während die Leute von der Stalin-Allee Unterstützung vom »Chef« erhoffen, weil sie in ihm einen der ihren sehen, der Einfluss hat – »der kennt die Brüder oben, jene kennen ihn . . .«; »auch international besehn, sind Sie, wie sagt man, ein Begriff!« –, ist der »Chef« allein daran interessiert, das Reden und das Verhalten originaler Aufständischer zu studieren und für seine Inszenierung nutzbar zu machen. Der »Chef«, Sprachrohr der Plebejer auf der Bühne, versagt, wenn er ganz praktisch gefordert ist, die Belange der Arbeiter zu unterstützen. Allerdings ist zu berücksichtigen, dass der »Chef« auch als Repräsentant des Arbeiter-und-Bauern-Staates in Anspruch genommen wird. Die Schauspielerin, die auf der Bühne die Volumnia, die Mutter Coriolans, verkörpern soll und die deutlich Züge von Helene Weigel, der langjährigen Mitarbeiterin Brechts, trägt, stellt fest:

> Nicht nur der Aufstand, auch der Staat
> sucht deine Hilfe. Welche Macht,
> welch vielumworbne Macht birgt dieser Sessel (II,6).

Ob die Macht des Intellektuellen tatsächlich so groß ist, wie hier angenommen wird, mag dahingestellt bleiben. Deutlich wird, dass dem »Chef« allein daran gelegen ist, sich und sein Theater zu retten. Er schreibt einen Brief an den Staatsratsvorsitzenden, den dieser bei einer Veröffentlichung so kürzen kann, wie er ihm genehm ist. Eine Kopie des Briefs schickt der »Chef« über die Staatsgrenze auf die westdeutsche Seite, so dass dort angenommen werden kann, er unterstütze die Aufständischen. Er ist sich bewusst, dass diese Taktiken moralisch und politisch kaum zu rechtfertigen

sind, und er weiß: »[...] die Geschichte [...] wird urteilen.«
Podulla, sein Mitarbeiter, verschärft: »Verurteilen wird sie
uns« (IV,6). Der politisch engagierte Intellektuelle versagt in
der politischen Praxis. Dies aber – so die erweiterte Tendenz – gilt nicht nur für Brecht.
Das Drama von Grass bringt ein Zeitereignis auf die Bühne
und fordert zur Diskussion auf. Es ist nicht Lehrstück, sondern dialektisches Theater. Wenn es in eine Tradition gestellt werden soll, so wird man weit eher auf Georg Büchner und sein Drama *Dantons Tod* verweisen als auf Brecht
und seine Theatertheorien.
Zur Auseinandersetzung reizt das Thema, nicht die Form.
Günter Grass hat in einer Rede mit dem Thema: *Vor- und
Nachgeschichte der Tragödie des Coriolanus von Livius und
Plutarch über Shakespeare bis zu Brecht und mir* erläutert,
wie er zu der Auseinandersetzung mit Brecht und zu dem
Plan kam, das Thema in einem Drama zu behandeln. Er
wirft Brecht vor, Shakespeares Stück zu verfälschen, wenn
er daraus ein Tendenz- oder Lehrstück mache. Schwerer
wiegt der Vorwurf, dass der Theatermacher, »während der
Aufstand in Ostberlin und jenen Provinzen lief, die die
Staatsbezeichnung DDR zusammenfaßt, seine Probenarbeit
nicht unterbrochen hat [...]. Was immer passiert, alles wird
ihm zur Szene; [...] alles wird ihm zur ästhetischen Frage:
eine ungetrübte Theaternatur.«[21] Kein politisches Lehrstück, aber ein politisches Diskussionsstück.
Das einst aktuelle politische Ereignis, der 17. Juni 1953, ist
zurückliegende Geschichte. Das Thema – die politische Verantwortung des Intellektuellen – mag aktuell bleiben. Fraglich ist jedoch, ob das Problem noch angemessen diskutiert
werden kann, wenn man sich zwar noch an Brecht, aber
nicht mehr an Grotewohl und Ulbricht erinnert, wenn die
Abkürzung DDR zwar noch bekannt ist, aber über Baut-
zen, die Staatssicherheit und die SED-Diktatur nicht mehr
geredet wird.

21 Grass (Anm. 1), S. 73.

3. Epik

Die Blechtrommel. Roman. Erstausgabe: Neuwied/Darmstadt/Berlin: Luchterhand, 1959. – Zitiert nach: Günter Grass: *Die Blechtrommel*, Frankfurt a. M. 1960 (Fischer Bücherei, 473/474).

Ohne Widerrede befürchten zu müssen, darf man inzwischen feststellen, dass *Die Blechtrommel*, der erste Roman von Günter Grass, eines der bedeutendsten, wichtigsten und erfolgreichsten Werke der Weltliteratur des 20. Jahrhunderts ist. Für Aufsehen sorgte das Buch sofort bei seinem Erscheinen. Einer der ersten Kritiker prophezeite, wie sich zeigte, mit Recht: »Wenn es noch Kritiker in Deutschland gibt, wird *Die Blechtrommel*, der erste Roman eines Mannes namens Günter Grass, Schreie der Freude und der Empörung hervorrufen.«[22]

Erste Anerkennung hatte Grass bei der Lesung vor der Gruppe 47 anlässlich der Tagung in Großholzleute, einem kleinen Ort im Allgäu, 1958 erhalten. Dort war ihm, nachdem er zwei Kapitel – das erste und das vierunddreißigste – aus seinem Typoskript vorgelesen hatte, der Preis der Gruppe 47 zuerkannt worden. Sofort boten sich mehrere Verleger an; im Herbst 1959 lag der umfangreiche Roman vor. Die Schreie der Empörung übertönten allerdings lange Zeit die hymnischen Lobpreisungen. Die Attacken galten in gleicher Weise dem provozierenden Inhalt, der literarischen Form und der viele Tabus verletzenden Sprachgebung. Als blasphemisch und pornographisch wurde das Buch vor allem von Kritikern (und Buchhändlern) zurückgewiesen, die der katholischen Kirche nahe standen. Aber auch der SPD-geführte Bremer Senat verweigerte 1960 der Empfehlung einer unabhängigen Jury die Zustimmung, Günter Grass

---

22 Hans Magnus Enzensberger, »Wilhelm Meister, auf Blech getrommelt«, in: Gert Loschütz, *Von Buch zu Buch. Günter Grass in der Kritik*. Eine Dokumentation, Neuwied/Berlin 1968, S. 8.

den Bremer Literaturpreis zuzuerkennen. Noch im Jahr 1965 mussten Deutschlehrer mit Anfeindungen von Eltern und Kollegen rechnen, wenn sie den Roman im Unterricht erarbeiten wollten. Ihnen wurde ebenso von Kollegen, die aus Danzig stammten, wie von solchen, die an der Düsseldorfer Akademie Kunst studiert hatten, entgegengehalten, dass das, was im Roman stehe, nicht stimme und als bösartige Verzerrung zurückgewiesen werden müsse.

So ärgerlich die Verrisse für den Autor gewesen sein mögen, so wenig haben sie dem Buch und seiner Verbreitung geschadet. Auf einer Liste der erfolgreichsten Titel der in der Bundesrepublik veröffentlichten Romane, Sach- und Taschenbücher, zusammengestellt vom Fachmagazin Buchreport (Verlag Harenberg, Dortmund), rangierte *Die Blechtrommel* 1980 mit 4 Millionen Exemplaren an der Spitze. Inzwischen hatte sich aber auch unter Literaturkritikern die Meinung durchgesetzt, »daß das Erscheinen von Günter Grass' epischem Erstling im Jahre 1959 einen Wendepunkt in der deutschen Nachkriegsliteratur bedeutete«[23] und dass eher jene Rezensenten Recht hatten, die schon im Dezember 1959 seinen ersten Roman »ohne Zögern ›als Prototyp des großen Romans‹ dem *Wilhelm Meister*, dem *Grünen Heinrich* und *Berlin Alexanderplatz* an die Seite« gestellt hatten.[24] Volker Neuhaus, der sich um das Werk von Grass besonders verdient machte, fasste 1982 zusammen: *Die Blechtrommel* wurde zum »klassischen Werk der Nachkriegsliteratur.«[25] Etwas später heißt es an anderer Stelle: »Inzwischen ist *Die Blechtrommel* in einer Gesamtauflage von ca. 3 Millionen Exemplaren in 20 Sprachen übersetzt worden und hat dem Autor Grass den Rang eines weltbekannten Schriftstellers beschert.«[26]

23 Detlef Krumme, *Günter Grass: Die Blechtrommel*, München 1986, S. 33.
24 Volker Neuhaus, *Günter Grass: Die Blechtrommel. Interpretation*, 2., überarb. und erg. Aufl., München 1988, S. 19.
25 Ebenda, S. 19.
26 Rainer Könecke, *Stundenblätter »Die Blechtrommel«*, Stuttgart/Dresden 1991, S. 8.

Etwa fünfzehn Jahre nach der Erstveröffentlichung äußerte
sich der Autor in seinem Rückblick auf *Die Blechtrommel*
über die Entstehung seines Werks: »Mit dem ersten Satz:
›Zugegeben: ich bin Insasse einer Heil- und Pflegeanstalt . . .‹ fiel die Sperre, drängte Sprache, liefen Erinnerungsvermögen und Phantasie, spielerische Lust und Detailobses-
sion an langer Leine, ergab sich Kapitel für Kapitel, hüpfte
ich, wo Löcher den Fluß der Erzählung hemmten, kam mir
Geschichte mit lokalen Angeboten entgegen . . .«[27]
Diese Äußerung mahnt zunächst, dem ersten Satz des Romans besondere Beachtung zu schenken; sie charakterisiert
außerdem die Erzählhaltung, indem sie so gegensätzliche
Antriebskräfte wie Lust und Detailbesessenheit und so gegensätzliche Stoffangebote wie Geschichte im Großen und
Lokales im Kleinen zusammenbringt; ganz nebenher berichtet sie von einer Sperre, die überwunden werden musste, damit das Erzählen in Fluss kommen konnte.
Ehe Grass den Plan zu einem Roman fasste, hatte er Gedichte geschrieben und veröffentlicht und dramatische Texte
konzipiert und der Bühne angeboten. Wahrscheinlich ist
nicht einmal vom Autor selbst genau zu datieren, wann und
wo er die erste Idee zu seinem großen Projekt hatte. In seinem Rückblick erinnert er sich an ein Gedicht, in dem er im
Sommer 1952 einen Säulenheiligen auf das Getriebe einer
Kleinstadt sehen lässt, und an den Anblick eines penetrant
trommelnden Dreijährigen, der eine Kaffeegesellschaft
nervte; doch: »Gut drei Jahre lang blieb diese ›Findung‹ ver-
schüttet.«[28]
Zufällig ist das Typoskript einer Fassung des Romans erhalten, das sich in einem in Paris zurückgebliebenen Koffer
fand, einer Fassung, die Grass selbst aus dem Bewusstsein
verloren hatte und die er später auf das Jahr 1956 datierte.
Das erste Kapitel darin trägt die Überschrift »Der Igel« und

---

27 Günter Grass, »Rückblick auf die Blechtrommel oder Der Autor als fragwürdiger Zeuge. Ein Versuch in eigener Sache«, in: Grass (Anm. 1), S. 628.
28 Ebenda, S. 627.

beginnt so: »Wohin versetze ich den Anfang meiner Geschichte, die eigentlich die Geschichte meiner Trommel ist;
mir war und bleibt es nur gegeben, dann und wann den
Rythmus (!) zu wechseln, mit Löffeln und nicht mit Stök-
ken zuschlage (!) oder die Knöchel zu gebrauchen, bis daß
sie – die vorher kreidig waren – rot sind und schmerzhaft
springen.«[29] Deutlich steht hier die Trommel schon im Mittelpunkt, während das Ich noch ohne Inhalt ist. Zu dem
Zeitpunkt der ersten Niederschrift wechselte der Arbeits-
titel zwischen »Oskar der Trommler«, »Der Trommler«
und »Die Blechtrommel«; doch: »[...] hier genau sperrt
sich meine Erinnerung.«[30] Für den September 1957 ist dann
eine zweite Niederschrift bezeugt; im März 1958 fiel dann
die erwähnte Sperre.
Dass der Roman bereits im folgenden Jahr abgeschlossen
werden konnte, ist in der Arbeitsweise des Autors begründet. Grass arbeitet ganzheitlich, nicht sukzessiv:
»Er hat diese Arbeitsweise wie auch das Arbeiten am Stehpult immer wieder auf seine Prägung durch den Bildhauer-
beruf zurückgeführt. Er beginnt mit einem Plan als Gerüst,
in den abstrakt als Seitenzahlen schon die geplanten zu-
künftigen Volumina eingeschrieben sind. Die erste Version
wird dann altmodisch mit einem Füllfederhalter zu Papier
gebracht; spätere, immer mehr anschwellende Fassungen
werden auf einer alten Olivetti-Reiseschreibmaschine ge-
tippt.
Grass arbeitet dabei sozusagen an allen Kapiteln gleichzeitig, da natürlich Änderungen am Anfang Eingriffe im späteren Text erforderlich machen, genauso wie die Abänderung
eines späteren Kapitels unter Umständen in einem früheren
motiviert sein will. Genau dies ist die ›Arbeitsweise des
Bildhauers‹: ›dies in langen Zeiträumen Denken, den Spaß

29 Krumme (Anm. 23), S. 21.
30 Heinrich Vormweg, *Günter Grass mit Selbstzeugnissen und Bilddokumenten*, 3. erg. und aktual. Aufl., Reinbek bei Hamburg 1996 (rowohlt mono-
   graphien, 359), S. 42.

am Ändern und auch das Wissen, daß, wenn ich am Knie etwas ändere, ich demnächst am Ohr etwas ändern muß, weil die Proportionen zusammenhängen‹. Es gilt deshalb, die Oberfläche bis zuletzt ›rauh‹ zu halten – bis hin zur letzten Fahnenkorrektur greift Grass immer wieder in den Text ein, wobei er seine letzte Manuskriptfassung stets willig und intensiv mit einem Lektor durcharbeitet und dessen Kritik aussetzt.

Grass' außerordentliche Erfolge bei Lesungen sind darauf zurückzuführen, daß er beim Schreiben den Text mitspricht und einen Satz erst dann niederschreibt, wenn er mundgerecht ist.«[31]

So bedeutet das Wegfallen der »Sperre« keineswegs, dass jetzt Kapitel für Kapitel entsteht. Vielmehr hat jetzt die Gesamtkonzeption den passenden Auftakt, der die Komposition des Romans bestimmt. Am 19. Januar 1959 fehlen noch vier Kapitel, am 1. Februar ist das Werk endgültig fertig.[32] Die Arbeiten im Lektorat, in der Druckerei und in der Binderei können beginnen.

Der Leser tut also gut daran, den ersten Satz des Romans genau zu durchdenken:

»Zugegeben: ich bin Insasse einer Heil- und Pflegeanstalt, mein Pfleger beobachtet mich, läßt mich kaum aus dem Auge; denn in der Tür ist ein Guckloch, und meines Pflegers Auge ist von jenem Braun, welches mich, den Blauäugigen, nicht durchschauen kann« (9).

Eine »Heil- und Pflegeanstalt« ist der ziemlich ungewöhnliche Erzählerstandort, der hier sachlich korrekt bezeichnet wird und trotzdem Anlass zu vielerlei Vermutungen und Assoziationen gibt. Offensichtlich ist der, der sich hier vorstellt, in einer geschlossenen Abteilung: er wird genau und durchgehend beobachtet; er ist dem vor dem Guckloch Stehenden völlig ausgeliefert. Aber das scheint ihn nicht zu stören. Er scheint sogar stolz zu sein, dass man ihm soviel

31 Neuhaus (Anm. 6), S. 76.
32 Ebenda, S. 77.

Beachtung schenkt, weiß er doch, dass sein Pfleger ihn letzten Endes doch »nicht durchschauen kann«. So fühlt er sich beschützt und sicher und gibt sich gleichzeitig selbstbewusst.

Es stellt sich also ein souveräner Ich-Erzähler vor, der sich aus der Welt zurückgezogen und an einen geschützten Ort begeben hat. Allerdings scheint diese Deutung nicht unproblematisch zu sein. Das einleitende »Zugegeben« nimmt Bezug auf einen nicht ausgeführten Dialog, in dem die Kompetenz des Ich-Erzählers in Zweifel gezogen wurde. Wer »Insasse einer Heil- und Pflegeanstalt« ist, muss damit rechnen, dass er als krank eingestuft wird, dass man ihn für physisch oder psychisch labil, vielleicht auch für intellektuell überfordert hält. Genau diesen Vorwürfen tritt der Erzähler mit seinem »Zugegeben« entgegen. Obwohl er »Insasse« ist, hält er sich für kompetent.

Seinem Pfleger hat er schon einige »Begebenheiten aus meinem Leben« (9) anvertraut, »vorgelogen« (9), wie er sagt. Jetzt lässt er sich »fünfhundert Blatt Schreibpapier« besorgen und nimmt sich vor – auf sein »hoffentlich genaues Erinnerungsvermögen« (10) bauend – »sein Leben [zu] beschreiben« (11). Den ersten Erzählabschnitt kündet er folgendermaßen an:

»Ihnen allen, die Sie außerhalb meiner Heil- und Pflegeanstalt ein verworrenes Leben führen müssen, Euch Freunden und allwöchentlichen Besuchern, die Ihr von meinem Papiervorrat nichts ahnt, stelle ich Oskars Großmutter mütterlicherseits vor« (11).

Von nun an ist der Tagesablauf in der Anstalt von der Niederschrift der Lebensgeschichte Oskars bestimmt. Zwei Jahre wird er jetzt schreiben, bis es heißt: »Jetzt habe ich keine Worte mehr, muß aber dennoch überlegen, was Oskar nach seiner unvermeidlichen Entlassung aus der Heil- und Pflegeanstalt zu tun gedenkt« (492). Wenn er die Anstalt verlässt, wird er dreißig Jahre alt sein: Im September 1952 ist er verhaftet und bald danach in die Heilanstalt eingelie-

fert worden; seine Aufzeichnungen sind schon weit fortge-
schritten, als am 5. März 1953 der Tod des sowjetischen
Diktators Stalin gemeldet wird (231); Ende September 1954
überlegt er, wie sein Leben draußen nun weitergehen soll.
Zu dem Zeitpunkt wird er seine Lebensgeschichte seinen
»Freunden«, seinen »Besuchern« und seinen Lesern vorgelegt haben. Ihnen gegenüber hat er sich mit seinem anfäng-
lichen »Zugegeben« offenbart; für sie schreibt er also. Über
die Reaktionen seiner Freunde und Verwandten, die mit
Ausschnitten aus seiner Geschichte konfrontiert werden,
wird der Leser im weiteren Verlauf des Romans sporadisch
informiert. Mit dem ersten Wort und mit der Ankündigung
der ersten Episode von Oskars Lebensgeschichte wird der
Leser jedoch auch selbst und direkt angesprochen. Ihm
wird, ohne dass er es sofort merkt, eine vage umschriebene
Leser-Rolle angeboten.
Es wird vorausgesetzt, dass der Leser nicht »Insasse einer
Heil- und Pflegeanstalt« ist, sondern draußen in der Welt
lebt und sich daher für normal hält. Nun aber muss er sich
sagen lassen, dass nicht Oskar, sondern er, der Leser, ein
»verworrenes Leben« führt; und er muss sich fragen lassen,
ob nicht die, die außerhalb der Anstalt leben, die physisch
und psychisch Labilen sind und ob mit einer Kategorie wie
der des »Normalen« überhaupt etwas anzufangen ist. Oskar
kündet keineswegs an, nun endlich die Wahrheit über die
Weltgeschichte zu enthüllen. Er wird sich auf seine Art erinnern, vielleicht sogar manchmal lügen und provozieren,
auf alle Fälle aber wird er seine Leser, die schon vor dem
ersten geschriebenen Wort des Romans ihre Zweifel ange-
meldet haben, herausfordern.
Dass nach Erscheinen des Romans die ersten konkreten Leser die angebotene Rolle unterschiedlich gefüllt haben, ist
selbstverständlich. Die Leser, die die Nazi-Zeit, den Krieg,
die Flucht und die Vertreibung überlebt hatten, lasen in der
Adenauer-Ära anders als die nächste Lesegeneration, die
erst langsam aus zweiter Hand erfuhr, vor welchen Heraus-

forderungen ihre Eltern gestanden und wie sie auf diese rea-
giert hatten. Inzwischen ist viel von der aktuellen Brisanz
des Romans verloren gegangen. Heutige Schülerinnen und
Schüler lesen *Die Blechtrommel* mit ähnlicher Erschütterung und Verwunderung, wie sie die Darstellung des Dreißigjährigen Kriegs in dem Roman *Der Abentheuerliche
Simplicissimus Teutsch* von Jakob Christoffel von Grimmelshausen aufnehmen. Dabei besteht die Gefahr, dass der
Inhalt des Zeitromans zu kurz kommt und literaturwissenschaftliche und -ästhetische Kategorien die Diskussion ein-
seitig bestimmen.

Das inhaltliche Verständnis des Romans setzt einige zeitge-
schichtliche Kenntnisse voraus. Der Ich-Erzähler Oskar
lässt seine Lebensgeschichte im »Jahr neunundneunzig«
»am Rande eines Kartoffelfeuers« »im Herzen der Kaschu-
bei, nahe bei Bissau« (11) beginnen, wo ein Joseph Koljai-
czek, verfolgt von Gendarmen, unter den Röcken von Oskars Großmutter Zuflucht sucht und dessen Mutter Agnes
zeugt. Agnes wird »Ende Juli des Jahres nullnull« (18) geboren und damit beginnt die Familiengeschichte, die bis ins
Jahr 1954 geführt wird.

Ziemlich genau ist damit auch die Geschichte der ersten
Hälfte des 20. Jahrhunderts umgrenzt. Und obwohl Oskar
erklärt, seine Lebensgeschichte schreiben zu wollen, folgt
die Einteilung des Romans doch auffällig den Einschnitten
der deutschen und europäischen Geschichte. Das erste Buch
erwähnt noch kurz »das kaiserliche Schlachtflottenbaupro-
gramm« (18), ist mit dem »August des Jahres vierzehn« (30)
und dem Hinweis auf die Schlachtfelder bei »Verdun« (31)
schnell beim Ersten Weltkrieg, streift die Nachkriegszeit
mit Inflation (33) und Börsenkrach (55), schildert das Auf-
kommen des Nationalsozialismus und endet bei »der Nacht
vom achten zum neunten November achtunddreißig, die
man später die Kristallnacht nannte« (163).

Der 9. November 1938 hat sich Oskar so fest eingeprägt –
»denn an jenem Tag verlor ich Sigismund Markus, den Ver-

Danzig vor dem Zweiten Weltkrieg

walter meines Trommelmagazins« (169) –, dass er auf diesen
Tag am Anfang des zweiten Buchs zurückkommt. Das Da-
tum leitet dann direkt über zum Ausbruch des Zweiten
Weltkriegs im September 1939. Den Kampf um die »Polnische Post« in Danzig und die »Salven der Linienschiffe im
Freihafen, der Westerplatte gegenüber« (184) bedeuten den
Beginn dieses neuen Krieges. Den Eroberungen in Frankreich folgen die Niederlagen in Russland, vor allem in Sta-
lingrad. »Im April vierundvierzig« erlebt Oskar die alliierte
Invasion am »Atlantikwall« (273), im Januar 1945 den Ein-
marsch der sowjetischen Truppen in Danzig. Mit der Flucht
aus dem Osten in den Westen endet das zweite Buch.
Mittelpunkt des dritten Buches ist Düsseldorf. Hier erlebt
Oskar die Nachkriegszeit mit Schwarzhandel, neuer Inflation und Währungsreform, mit sogenanntem Wirtschafts-
wunder und ersten Diskussionen über eine »Kollektiv-
schuld« (360) der Deutschen an den Greueltaten der Vergangenheit. Düsseldorf-Grafenberg und seine Heil- und
Pflegeanstalt sind Endstation des Romans.
Völlig falsch wäre, aus dieser Darlegung zu folgern, die
Blechtrommel sei ein historischer Roman. Ebenso falsch
wäre, die genannten Ereignisse als Hintergrundbeschrei-
bung abzutun, die bei einer genaueren Betrachtung des Romans unberücksichtigt bleiben könnte. Wichtig ist vielmehr,
die Verzahnung der Familiengeschichte Oskar Matzeraths
mit der deutschen Geschichte zu beachten. Der Autor hat
dazu einen entscheidenden Hinweis gegeben. Nicht nur
Danzig, das tatsächlich an einer Krisenstelle der europäischen Geschichte lag, sondern sogar Langfuhr, der Vorort
Danzigs, in dem Oskar aufwächst, hat für ihn exemplari-
sche Bedeutung:
»Es war einmal eine Stadt, die hatte neben den Vororten
Ohra, Schidlitz, Oliva, Emaus, Praust, St. Albrecht, Schell-
mühl und dem Hafenvorort Neufahrwasser einen Vorort,
der hieß Langfuhr. Langfuhr war so groß und so klein, daß
alles was sich auf dieser Welt ereignet oder ereignen könnte,

sich auch in Langfuhr ereignete oder hätte ereignen können.«[33]

Die Familiengeschichte der Matzeraths, in die Oskar eingebunden ist, zeigt also alles, »was sich auf der Welt ereignet
oder ereignen könnte«.

Zentrale Figur der Roman-Handlung ist Oskar. Er, der sich
am Anfang des Romans als Ich-Erzähler vorgestellt hat, ist
auch der Handelnde, von dem er meist in der ersten, selte-
ner in der dritten Person erzählt.

Oskar ist sich der Besonderheit seiner Existenz von Anfang
an bewusst. Seine »geistige Entwicklung« war »schon bei
der Geburt abgeschlossen«; sofort lauschte er »kritisch [. . .]
den ersten spontanen Äußerungen der Eltern«; sein »Ohr
war hellwach« (35). Mit Vergnügen hört er seine Mutter sagen: »Wenn der kleine Oskar drei Jahre alt ist, soll er eine
Blechtrommel bekommen« (36). In einem Nachtfalter, der
sich ins Zimmer verirrt hat, erkennt er ein nachahmenswer-
tes Vorbild; denn dieser »Falter schnatterte, als hätte er es
eilig, sein Wissen loszuwerden« (36).

Der dritte Geburtstag wird zu einem entscheidenden Tag in
seinem Leben: An diesem Tag erhält er seine Trommel;
gleichzeitig inszeniert er einen Unfall, der ihn davor bewahren soll, weiter zu wachsen. Er bleibt vorläufig »der Drei-
jährige, der Gnom, der Däumling, der nicht aufzustockende
Dreikäsehoch«, freilich auch der »Dreimalkluge, [. . .] der
den Erwachsenen so überlegen sein sollte« (47).

Fast gleichzeitig mit seinem dritten Geburtstag entwickelt
sich bei Oskar die Fähigkeit, »Glas zu zersingen« (50). Damit hat er zwei Möglichkeiten, auf die Welt der Erwachsenen einzuwirken. Die Trommel ist Medium des Protestes,
der Aufklärung, des Appells, aber auch der Verführung und
der Zerstörung. Sein hoher schriller Schrei dient der Not-
wehr, dem Distanzhalten, aber auch der Zerstörung und
dem räuberischen Verbrechen. Er selbst resümiert: »Mein

33 Günter Grass, *Hundejahre*, Neuwied/Berlin 1963, S. 261.

Werk war also ein zerstörerisches. Und was ich mit der Trommel nicht klein bekam, das tötete ich mit meiner Stimme. So begann ich neben den taghellen Unternehmungen [...] mit nächtlicher Tätigkeit« (101).

Als taghelle Unternehmung sieht er an, wenn er eine Kundgebung der Nationalsozialisten mit Hilfe seiner Trommel auflöst; als nächtliche Unternehmung schätzt er die aktive Hilfe zu Einbrüchen in ein Juweliergeschäft ein. Er weiß also durchaus zwischen Tag und Nacht, zwischen Gut und Böse zu unterscheiden. Doch sieht er in sich, obwohl er Nazi-Versammlungen sprengte, keinen »Widerstandskämpfer« (100) und er empfindet kein tieferes Schuldbewusstsein, obwohl er einige Untaten zu verzeichnen hat: Bürgerliche Tugendbegriffe und religiös fundierte Moralvorstellungen greifen bei ihm nicht. Das liegt jedoch nicht an ihm, sondern an dem, was man etwas vage die »Verhältnisse« nennen mag.

Oskar wächst in eine kleinbürgerliche Welt hinein, die ihn einerseits prägt, die er andererseits durchschaut und destruiert. Die Familienverhältnisse sind verworren; die Familienrituale sind bestimmt von Spießigkeit und moralischer Heuchelei; weder Schule noch Kirche können eine tragfähige Vorstellung von Sittlichkeit und Humanität vermitteln. Bei diesen Gegebenheiten ist der Boden bereitet für den sich langsam ausbreitenden Nationalsozialismus. Hier genau lässt sich die Verzahnung der Familiengeschichte mit der Geschichte Deutschlands am deutlichsten bemerken.

Die Pogromnacht am 9. November 1938 ist ein Tiefpunkt der deutschen Geschichte. Rückblickend erkennt Oskar, der Erzähler, dass es damals sogar in seiner engen Nachbarschaft »Vorzeichen genug« gab »für ein Unglück, das immer größere Stiefel anzog, mit immer größeren Stiefeln größere Schritte machte und das Unglück umherzutragen gedachte« (160). Damals jedoch ging es auch Oskar nur um seine Trommel; damals war der Tod des Spielzeughändlers Mar-

kus für Oskar die eigentliche Katastrophe; denn »Markus
[. . .] nahm mit sich alles Spielzeug aus dieser Welt« (167).
Das Kapitel über die Pogromnacht trägt den Titel »Glaube
Hoffnung Liebe« und beginnt wie ein Märchen: »Es war
einmal ein Musiker, der hieß Meyn und konnte ganz wun-
derschön Trompete blasen« (160). Aber dieser Musiker ist
längst SA-Mann geworden und tut sich am 8. November
hervor, um die Gunst der Partei zurückzugewinnen, die er
als Mörder von vier Katzen zu verlieren droht. Dieser kurz-
gefassten Lebensgeschichte werden mit der gleichen mär-
chenhaften Einleitung »Es war einmal . . .« die Lebens-
geschichten des Uhrmachers Laubschad, des Kolonialwa-
renhändlers Matzerath, des Spielzeughändlers Sigismund
Markus und des Blechtrommlers Oskar beigefügt. Angesichts der brennenden Danziger Synagoge wärmt sich nun
Matzerath wirklich, und nicht etwa nur im Märchen, »seine
Finger und seine Gefühle über dem öffentlichen Feuer«
(164); Oskar sieht, dass man quer über das Schaufenster der
Spielzeughandlung »Judensau« geschrieben hat, und sorgt
sich mit Recht um seine »weißrot gelackten Blechtrom-
meln« (164); denn Sigismund Markus hat sich angesichts des
Pogroms selbst das Leben genommen.
Als Täter und Opfer, als Handelnde und Schauende, als Zu-
sehende und Wegsehende sind die Personen aufeinander be-
zogen. Das Thema Pogromnacht wird – vergleichbar Paul
Celans *Todesfuge* – mit verschiedenen Stimmen durchge-
spielt. Insgesamt ergibt sich ein Text, der genau dem Paulus-
Wort aus dem Korinther-Brief entgegengesetzt ist, das dem
Kapitel den ironischen Titel »Glaube Hoffnung Liebe« gab.
Als durchaus makaber darf man die Schilderung einstufen –
allerdings in der Bedeutung schaudererregend, totenähnlich,
weniger in der Bedeutung von frivol.
Auch am 31. August 1939, dem Vortag des deutschen An-
griffs auf Polen und damit des Beginns des Zweiten Weltkriegs, geht es Oskar allein um seine Trommel. Er überredet

Jan Bronski, seinen mutmaßlichen Vater, der Angestellter
bei der Polnischen Post in Danzig ist, noch einmal an seine
Arbeitsstätte zu fahren, obwohl er das Gefährliche dieses
Unternehmens erkennt, damit Kobyella, der Hausmeister,
Oskars lädierte Trommel repariere. Die Polnische Post ist
jedoch schon dem Maschinengewehrfeuer der fanatisierten
Deutschen ausgesetzt. Zwar leisten die polnischen Verteidi-
ger Widerstand, müssen sich aber später der Übermacht ergeben und werden gnadenlos hingerichtet.

Oskar, der die Nacht bis zur Übergabe im Gebäude der
Post verbringt, verfolgt die Angelegenheit mit dem ihm
»geläufigen Gleichmut« (186), sorgt sich nur um seine ka-
putte Trommel und ist hocherfreut, dass er in der Dienst-
wohnung des Oberpostsekretärs eine unbeschädigte »weißrot gelackte Blechtrommel« (185) entdeckt, die er sich
aneignet. Oskar hat keinen Blick für die Kriegshandlung –
»[. . .] was ging mich Polen an! Was war das, Polen?« (188) –;
ihn erschüttert nicht der Tod Kobyellas – »Laß ihn doch,
Papa. Er ist tot und kann nicht mehr. Wenn du willst, können wir Sechsundsechzig spielen« (197) –; er verrät später
Jan Bronski an die »SS-Heimwehr« (200), so dass sein mut-
maßlicher Vater zusammen mit den übrigen Verteidigern
der Polnischen Post »wegen Freischärlerei [. . .] hingerichtet« (202) wird: Oskar freut sich einzig seiner »neugewon-
nenen Trommel« (199).

Wer unter der Überschrift »Die polnische Post« eine exakte
historische Darstellung aus neutraler Warte, also sine ira et
studio erwartet, hat es leicht, auf Verzerrungen hinzuwei-
sen. Wer das Kapitel mitsamt den beiden folgenden als fik-
tionalen Text, etwa als aggressive Satire, aus jedem Wirk-
lichkeitszusammenhang herausnehmen will, tut dem Text
jedoch schlimmes Unrecht. Dem Erzählten liegen sorgfäl-
tige Recherchen zugrunde. Das Entsetzen war groß, als in
einem Bericht in der Wochenzeitschrift *Die Zeit* nachgewiesen wurde, dass Jan Banaszkowsky, der Onkel von Günter

Grass, tatsächlich von einem deutschen Kriegsgerichtsrat zum Tode verurteilt wurde und dass ein Ermittlungsverfahren gegen den urteilenden Richter 1967 eingestellt wurde. Auch in den satirischen Abschnitten der *Blechtrommel* stecken mehr Elemente der Wirklichkeit, als man zunächst annimmt.

So verwundert es rückblickend, wenn Kritiker Anstoß an Stellen nehmen, in denen sich Oskar ungebührlich in einer Kirche verhält oder über seine ersten sexuellen Erfahrungen berichtet. Das, was etwa im November 1938 und ab September 1939 in der Wirklichkeit geschah, gibt mehr Anlass zu Entsetzen als die darauf bezogene sprachliche Verarbeitung.

Ehe Oskar mit seiner Geschichte beginnt, tritt er der Ansicht entgegen, es sei »heutzutage unmöglich, einen Roman zu schreiben« (11). Er widerspricht auch denen, die behaupten, es gebe »keine Romanhelden« (11) mehr. Er sieht in sich selbst durchaus einen »Helden« (11) und er hält es weiterhin für möglich, Romane zu verfassen. Es ist also durchaus angebracht, *Die Blechtrommel* auf die Tradition des europäischen und deutschen Romans zu beziehen.

Als Figurenroman lässt er sich ebenso gut als Abenteuer-, als Entwicklungs-, als Bildungsroman wie als Künstlerroman interpretieren. Grass hat selbst auf die Abenteuer- oder Pikaroromane verwiesen, mit denen die *Blechtrommel* vieles gemeinsam hat. Ähnlich wie der Simplicissimus aus Grimmelshausens Roman schildert Oskar Welt und Leben aus dem geschützten Asyl heraus und deckt als scheinbar zurückgebliebener Tor das Unzulängliche dieser Welt auf, indem er, die Perspektive wechselnd, die Dinge mal von oben herab, mal von unten hinauf und mal von der Rückseite betrachtet. Die Rolle, die er im großen Geschehen spielt, ist die eines Schelms, der Verwirrung stiftet und der selbst immer gut davonkommt.

Nimmt man den Vergleich mit Goethes *Wilhelm Meister* beim Wort, so bestätigt sich schnell, dass »das Buch [...] in

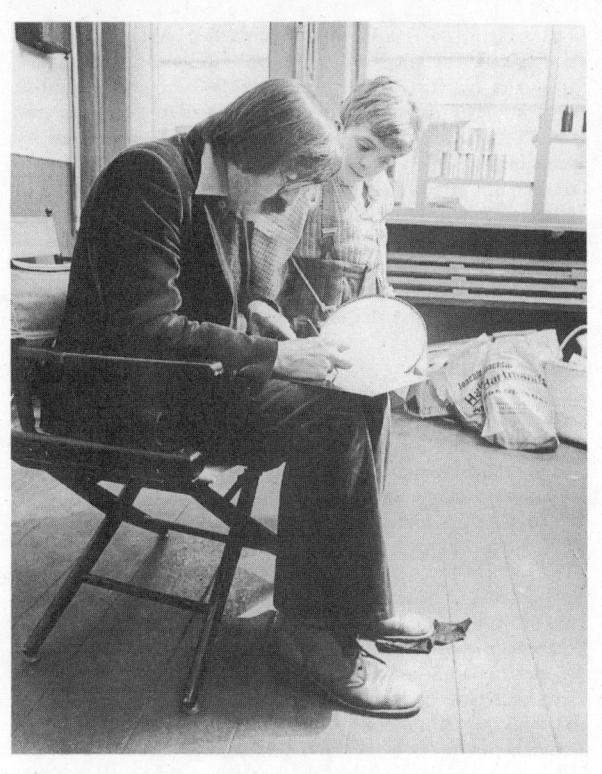

*Günter Grass mit David Bennent während der Dreharbeiten
zu dem Film »Die Blechtrommel«, Berlin 1978*

einem ironisch distanzierten Verhältnis zum deutschen Bildungsroman«[34] steht. Zwar werden die Stationen, die ein deutscher Bildungsroman zurücklegt – wie erste Liebe, erste Begegnung mit dem Theater, erste Lektüre eines bedeutenden literarischen Werks, Aufbruch von zu Hause und erste Berufserfahrungen – auch von Oskar durchlaufen; doch nichts gerät zu höherer Bildung, Oskar bleibt der Schelm, der sich auf niedriger Ebene gekonnt durchs Leben schlägt.

Als Variante des Bildungsromans gilt der Künstlerroman. Tatsächlich versteht sich auch Oskar in Bebras Fronttheater als Künstler und später in Düsseldorf begibt er sich in die Kunst-Szene und steht mit seiner Freundin Ulla bei dem Maler Lankes Modell: »– sie gab die Madonna ab; Oskar hielt still für Jesus« (391). Doch nur das Honorar, nicht die Kunst reizt Oskar: »Mich unterhielt jener begabte Unfug« (391). Damit ist ein eindeutiges Urteil gesprochen.

Erweitert man den Blick und zieht die engere und weitere Umgebung Oskars und der Familie Matzerath in die Betrachtung, so versteht man das Werk bald als Zeitroman, bald als Gesellschaftsroman, immer als gesellschaftskritische Auseinandersetzung des Erzählers und des Autors mit seiner Zeit. Es empfiehlt sich also, den Roman mehrmals und auf mehrfache Weise zu lesen. Er rechnet mit Lesern, die Fragen stellen und Antworten zur Kenntnis nehmen.

Als 1979 die *Blechtrommel* von Volker Schlöndorff verfilmt wurde, stellte sich die stereotype Frage, ob sich große Literatur nicht jeder Verfilmung verwehre. Inzwischen hat sich die Meinung durchgesetzt, dass ein Film den Anspruch stellen dürfe, als Film beurteilt zu werden, wie der Roman beanspruche, als sprachliches Kunstwerk eingeschätzt zu werden. Da der Film höchste Auszeichnungen von Experten der Filmkritik erhielt, erübrigt sich eine nachträgliche Diskussion. Aber dem Leser sei empfohlen, den Film mit den

---

34 Volker Neuhaus / Daniela Hermes, *Die »Danziger Trilogie« von Günter Grass. Texte, Daten, Bilder*, Frankfurt a. M. 1991 (Sammlung Luchterhand, 979), S. 6.

Bildvorstellungen zu vergleichen, die während der Lektüre in seinem Kopf entstanden sind. Die meisten werden feststellen, dass der Film viele Realitätspartikel – wie Gebäude, Uniformen und Bekleidungsmoden – nachliefert, an die sich ein heutiger Leser kaum erinnert oder die er in der Wirklichkeit nie gesehen hat. Dagegen wird das Selbstbewusstsein des Lesers gestärkt, wenn er bestätigt findet, dass bei Verfilmungen literarischer Stoffe ohnehin große Teile der Vorlage unberücksichtigt bleiben. Eine erneute Lektüre nach der Analyse des Films kann noch einmal bereichern. Ein Vergleich zeigt überdies: Auch ein anerkannter Film veraltet schneller als ein literarisches Meisterwerk.

Katz und Maus. Eine Novelle. Erstausgabe: Neuwied/Berlin: Luchterhand, 1961. – Zitiert nach: Günter Grass: *Katz und Maus*, Reinbek bei Hamburg 1963 (rororo, 572).

Obwohl Autor und Verlag *Katz und Maus* als Mittelteil der »Danziger Trilogie«, also eingerahmt von den großen Romanen *Die Blechtrommel* und *Hundejahre* vorstellen, hat die Novelle zu jeder Zeit ihre Eigenständigkeit behaupten können. Sie ist, in sich geschlossen, verfilmt worden und ist immer, nicht zuletzt im Deutschunterricht, als eigenständiger Text gelesen worden. Zwar bilden die »Bezüge in Schauplatz, Personen und Zeit« zwischen den drei Werken »ein dichtes Verweisungsgewebe«,[35] doch kommt der Vorschlag, in dem gesamten epischen »Frühwerk, das 1959–63 in rascher Folge erschien«[36], eine Trilogie zu sehen, von außen und nachträglich. Der Autor hatte sich unmittelbar nach Fertigstellung der *Blechtrommel* an ein neues episches Großprojekt gemacht, war mit diesem gemäß eigener Ein-

---

35 Peter Bucha, in: Süddeutsche Zeitung vom 4. Mai 1979. Zitiert nach: Edgar Neis, *Erläuterungen zu Günter Grass: Die Blechtrommel*, 6., erg. Aufl., Hollfeld 1992 (Königs Erläuterungen und Materialien, 159), S. 89.
36 Neuhaus/Hermes (Anm. 34), S. 5.

sicht gescheitert und hatte dann »aus der epischen Konkurs-
masse den sperrigen und sich offenbar querlegenden Kom-
plex um einen Ritterkreuzträger« herausgelöst und »aus
ihm *Katz und Maus. Eine Novelle*«[37] gestaltet.

Leser und Kritiker zeigten sich überrascht, als nach der umfangreichen *Blechtrommel* im Abstand von zwei Jahren ein
neues Werk des Autors vorgelegt wurde. Noch mehr wun-
derten sie sich, dass sich dieser Autor, der in mehrfacher
Hinsicht die Grenzen der Konvention durchbrochen hatte,
der traditionsreichen Form der Novelle bediente. Doch die
Aufsehen erregende öffentliche Auseinandersetzung um das
Werk wurde nicht biographisch und ästhetisch, sondern juristisch ausgetragen. Am 28. September 1962 stellte
»Der hessische Minister für Arbeit, Volkswohlfahrt und
Gesundheitswesen« bei der »Bundesprüfstelle für jugend-
gefährdende Schriften« den Antrag, »die Schrift *Katz und
Maus* - Eine Novelle von Günter Grass – [...] in die Liste
der jugendgefährdenden Schriften aufzunehmen.«[38] Zwar
wurde der Antrag später, nachdem sich namhafte Gutachter
zugunsten des Werks und seines hohen künstlerischen
Werts ausgesprochen hatten, zurückgezogen und das Verfahren eingestellt, doch blieb die Diskussion lange von engen moralischen Kategorien (z. B.: Darf ein Autor erzählen,
wie Jugendliche onanieren?) bestimmt und fand erst spät zu
ästhetischen, politischen und übergreifend ethischen Frage-
stellungen.

Hauptschauplatz der Novelle *Katz und Maus* ist – wie in
der *Blechtrommel* – Danzig-Langfuhr und das Gebiet um
die Danziger Bucht. Berichtet wird, wie eine Gruppe Ju-
gendlicher in der Zeit zwischen 1940 und 1945 die Nazi-
Herrschaft und den Zweiten Weltkrieg in der Schule und zu
Hause, in den verordneten Jugendorganisationen und in der

---

37 Ebenda, S. 5.
38 Zitiert nach: Edgar Neis, *Erläuterungen zu Günter Grass: Katz und Maus*,
   6., erg. Aufl., Hollfeld 1988 (Königs Erläuterungen und Materialien, 162),
   S. 103.

Freizeit erlebt, bis die meisten der Jungen zur militärischen
Ausbildung herangezogen werden.

Einer von diesen Jungen, Pilenz, erzählt aus dem Abstand
mehrerer Jahre, was ihn belastet. Er ist inzwischen Sekretär
im Düsseldorfer Kolpinghaus und scheint nicht frei von ho-
moerotischen Anfechtungen zu sein. Er selbst hat zu jener
Gruppe oder Bande gehört, deren Kern aus sieben Jungen
und einem Mädchen bestand.

Diese Jugendlichen schwimmen im Sommer in der Danziger
Bucht häufig über eine vorgelagerte Sandbank hinaus zu einem vor der Küste auf Grund liegenden, ursprünglich polnischen Minensuchboot, das im ersten Kriegsjahr von den
Deutschen erbeutet worden war und nun als Wrack zum
Teil aus dem Wasser ragt. Die von allen am meisten bewun-
derte Person in der Gruppe ist Joachim Mahlke. Er, der
»einziges Kind zu Hause« und »Halbwaise« (10) ist,
konnte, als er »kurz nach Kriegsbeginn vierzehn Jahre alt
wurde, [...] weder schwimmen noch radfahren, fiel überhaupt nicht auf und ließ jenen Adamsapfel vermissen, der
später die Katze anlockte« (7). Im Winter 39/40 lernt er
dann schwimmen, ist bald der Schnellste von allen und vor
allem der mutigste und erfolgreichste Taucher auf dem
Wrack. Er leidet jedoch darunter, dass sich in der Pubertät
sein Adamsapfel besonders stark ausgeprägt hat und ein
Gegenstand des allgemeinen Gespötts ist.

Gleich zu Anfang der Novelle erzählt Pilenz, wie die Jungen während der Pause eines Schlagballspiels »die schwarze
Katze des Platzverwalters« auf den im Gras liegenden
Mahlke gelenkt haben: »Mahlkes Adamsapfel fiel auf, weil
er groß war, immer in Bewegung und einen Schatten warf«;
und so wird »Mahlkes Adamsapfel der Katze zur Maus«
(5). Damit ist das Leitmotiv der Geschichte vorgeformt:
Mahlkes Schwachpunkt, der hervortretende Adamsapfel,
lockt Spötter und Angreifer an. Diesen Schwachpunkt zu
verdecken oder auszugleichen wird das Bestreben Mahlkes
sein.

Pilenz hat diese Bemühungen nicht nur aufmerksam verfolgt, er ist offensichtlich eingebunden in die Auseinandersetzungen Mahlkes mit seiner Umwelt. Er bekennt: »Ich aber, der ich Deine Maus einer und allen Katzen in den Blick brachte, muß nun schreiben« (6). Diese Aussage kann sich nicht allein auf die Episode während des Schlagballspiels beziehen, zumal man später erfährt, dass völlig unklar ist, ob Pilenz oder ein anderer von der Bande – etwa »Schilling« (92) – die Katze aufgestachelt hat. Pilenz wohnt jedenfalls in der Nachbarschaft von Mahlke, holt ihn morgens auf dem Weg zur Schule ab und gerät mit der Zeit in eine Abhängigkeit von ihm. Um ihn zu sehen, verlängert er seine Messdienerzeit, obwohl er seinen Kinderglauben längst verloren hat. Nach Kriegsende unternimmt er viele Anstrengungen, um Mahlke wiederzutreffen oder wenigstens Gewissheit über sein Schicksal zu gewinnen. Alle Bemühungen sind umsonst; Mahlke will »nicht auftauchen« (139). Deshalb lasten weiterhin die Schuldgefühle auf Pilenz, von denen er sich nach langen Diskussionen mit »Pater Alban, einem aufgeschlossenen, halbwegs gläubigen Franziskaner« (79 f.) freischreiben, genauer: freierzählen will.

Schon als Mahlke zum ersten Mal mit hinaus zum Wrack schwimmt, hängt ihm »ein Schraubenzieher [...] unter der Gurgel und lenkte von seiner Gurgel ab« (8). Später sollen »ein silbernes Kettchen, dem etwas Katholisches anhängt, die Jungfrau Maria« (13), dann eine Medaille der Schwarzen Madonna von Tschenstochau (17), danach ein aus dem Schiffsinneren hochgeholter Büchsenöffner (25) und schließlich »Puscheln, [...] tischtennisballgroße Wollbällchen« (38), die um den Hals zu hängen er in Mode brachte, die Funktion übernehmen. Doch Mahlke genügt nicht, die Blicke abzulenken; wichtiger ist ihm, den Makel zu kompensieren: »Beifall tat ihm gut und besänftigte seinen Hüpfer am Hals; Beifall machte ihn gleichfalls verlegen und gab demselben Hüpfer neuen Auftrieb« (24).

Als Leistungsbeweis versteht er so auch die Herausforderung, sich an der »Olympiade [...] jener schon in der Bibel
belegten Beschäftigung« (31) zu beteiligen und zu beweisen,
dass er auch sexuell erste Klasse ist. Auf ein neues Ziel wird
er gelenkt, als im dritten Kriegsjahr ein Abiturient der
Schule – nun »Leutnant der Luftwaffe« (48) – vor der Schülerschaft von seinen Heldentaten im Luftkampf berichtet,
für die er das Ritterkreuz, jenen »begehrten Bonbon am
Hals« (48) erhalten hat. Als dann im Sommer 1942 ein
zweiter Abiturient – nun »Kapitänleutnant zur See« (63) –
»mit dem hochgestochenen Ding am Hals« (66) einen Vor-
trag über den Unterseeboot-Krieg hält, ist Mahlke so aufge-
wühlt, dass er dem Leutnant in einem günstigen Moment
den Orden stiehlt und damit zum Wrack schwimmt. Doch
die Zusammenhänge werden aufgedeckt. Mahlke muss die
Schule verlassen und leidet unter dieser Schande. Bei der
ersten Gelegenheit meldet er sich zur militärischen Ausbildung, wird Panzersoldat und erhält 1944, im vorletzten
Kriegsjahr, selbst das Ritterkreuz. Doch eine Rede vor der
Schülerschaft seiner ehemaligen Schule wird ihm verwehrt.
Damit hat er sein Lebensziel verfehlt; er beschließt, nicht
zur Truppe zurückzugehen, sondern sich zunächst auf dem
Wrack zu verstecken und dann zu desertieren. Pilenz hilft
ihm bei der Überfahrt zu ihrem alten Kahn; einen Tag später ist Mahlke für immer verschwunden.
In dem Kampf um Anerkennung kann sich die Maus nicht
durchsetzen. Alle Bemühungen, den eigenen Makel zu verdecken oder durch überzogene Leistungen auszugleichen,
schlagen fehl. Schlimmer: Sie verleiten zu zerstörerischer,
letztlich auch selbstzerstörerischer Aggression. Genau diese
aggressiven Akte verdienen den Abscheu der Leserinnen
und Leser. Es ist deshalb verwunderlich, dass die Onanie-
Olympiade so große Entrüstung hervorgerufen hat, dass
dagegen die im wahrsten Sinne obszönen Darstellungen des
Luft- und U-Boot-Kampfes kaum diskutiert wurden. Wenn
für den einen der Luftkampf »wie ne Karnickeljagd, mit

Szenenfoto des Films »Katz und Maus«, 1967

drauf und los und hastenichjesehn« (48) abläuft, bei der er
sich zunächst einen Gegner aussucht, »der bekommt seinen
Segen«, und bei der er sich dann einen weiteren »vor die
Spritze« (49) nimmt, und wenn die Kampfflieger bedauern:
»Jetzt müssen sie schon Vierzig runterholen, wenn sie das
Ding haben wollen« (50) und der Kapitänleutnant in seinem
Schiff eine »Braut« sieht, die »der todbringenden Hochzeit
entgegenzieht« (66), so wäre über dieses Reden und Handeln mehr Entrüstung angebracht als über die Spiele der
pubertierenden Jugendlichen. Wenigstens sollte man einge-
stehen, dass die sogenannten Heldentaten auf den Kriegs-
schauplätzen wie auf dem Wrack darin vergleichbar sind,
dass sie letzten Endes untaugliche und oft gefährliche Kom-
pensationsbemühungen von ursprünglich Schwachen und
Unterlegenen sind.
Mehr als diesen Problemen haben sich Literaturwissenschaftler der Frage gestellt, ob der Text die Klassifikation
»Eine Novelle« verdient habe. Tatsächlich ist der für eine
Novelle typische Wendepunkt da deutlich zu erkennen, wo
Mahlke das Ritterkreuz des Kapitänleutnants entwendet
und Oberstudienrat Klohse darin – vielleicht in Anlehnung
an Goethes berühmte Novellendefinition – etwas »Uner-
hörtes« sieht. Als Dingsymbole können nicht nur das »Ritterkreuz«, sondern auch die verschiedenen Konkretisierun-
gen des Bildes von der »Katze« und der »Maus« angesehen
werden. Auch das Motiv des Erzählers, sich über die Vergangenheit Klarheit zu verschaffen und sich von Schuld zu
befreien, lässt Vergleiche zu anderen Novellen zu. Man vergleiche die Erzählerposition des Ich-Erzählers Pilenz mit
jener des Ich-Erzählers in C. F. Meyers Novelle *Das Amulett*:
»Das Schicksal Wilhelm Boccards war mit dem meinigen
aufs engste verflochten, zuerst auf eine freundliche, dann
auf eine fast schreckliche Weise. [...] Immerhin setzte mir
die Erinnerung der alten Dinge so zu, daß ich mit mir einig
wurde, den ganzen Verlauf dieser wundersamen Geschichte

schriftlich niederzulegen und so mein Gemüt zu erleichtern.«[39]

Auch bei Meyer geht es um »Kriegsereignisse«, die von allen aufgearbeitet werden müssen. Man kann diese Aufgabe nicht allein den Historikern überlassen.

örtlich betäubt. Roman. Erstausgabe: Neuwied/Berlin: Luchterhand, 1969. – Zitiert nach: Günter Grass: *örtlich betäubt*, Frankfurt a. M. 1972 (Fischer Taschenbuch, 1248).

Wer Etikettierungen als Verstehenshilfe schätzt, könnte mit dem Hinweis beginnen, dass *örtlich betäubt* ein »Raumroman«[40] ist: Ort des Geschehens ist Berlin. Mit diesem Hinweis lassen sich Verbindungslinien zu den großen Berliner Romanen von Theodor Fontane wie *Irrungen, Wirrungen*, *Frau Jenny Treibel*, *Die Poggenpuhls* und *Mathilde Möhring* ziehen, aber auch zu Alfred Döblins Roman *Berlin Alexanderplatz* und anderen. Bei Grass ist der Spielort auf Berlin-West eingeschränkt: Weder die Berliner Mauer noch Berlin-Ost, noch die DDR kommen in den Blick, obwohl der Roman zu einer Zeit spielt, in der Berlin, Deutschland und die Welt »geteilt« waren.

Man könnte in dem Werk jedoch auch einen »Zeitroman«[41] sehen. Für das Lesepublikum der Erstausgabe war im Jahr 1969 das, was erzählt wird, höchst aktuell und fast gegenwärtig. Ein wichtiges Ereignis der Romanhandlung wird zeitlich genau terminiert: »Hier« – gemeint ist der Kudamm in Berlin – »erbrach sich im Januar des Jahres 1967 der siebzehnjährige Gymnasiast Philipp Scherbaum angesichts kuchenessender Damen« (168). Heutige Leser müssen sich

39 Conrad Ferdinand Meyer, *Das Amulett*, Stuttgart 1970 [u. ö.] (Reclams Universal-Bibliothek, Nr. 6946), S. 5.
40 Ivo Braak, *Poetik in Stichworten. Literaturwissenschaftliche Grundbegriffe. Eine Einführung*, 6., überarb. und erw. Aufl., Kiel 1980, S. 223.
41 Ebenda, S. 223.

folglich in die späten sechziger Jahre zurückversetzen, um die politische und soziale Lage, die den Hintergrund des Zeitromans ausmachen, angemessen einzuschätzen.

Geprägt wurde diese Zeit durch einen außergewöhnlich scharfen Generationenkonflikt. In den sogenannten Auschwitz-Prozessen von 1963 bis 1965 war noch einmal deutlich geworden, welche Verbrechen das Nazi-Regime begangen hatte. Die junge Generation warf nun den »Vätern« vor, schuldig geworden zu sein – entweder dadurch, dass sie Mittäter waren, oder dadurch, dass sie nicht Widerstand geleistet hatten. Nicht nur die Politiker – wie Bundespräsident Lübke und Bundeskanzler Kiesinger – wurden nach ihrer Vergangenheit befragt, sondern alle, die an einflussreicher Stelle waren; also auch Kommunalpolitiker, Lehrer und Familienväter. Verbunden war diese Tendenz mit einer radikalen Linksorientierung der tonangebenden Jugendlichen. Sie suchten ihre Leitlinie bei Marx und Engels, den Verfassern des Kommunistischen Manifestes, aber auch bei Mao Tsetung, dem die »Roten Garden« in China folgten, und bei Che Guevara, der mit Fidel Castro den Guerillakrieg und dann die Revolution in Kuba organisierte; und sie riefen, ihren Vorbildern folgend, zum Kampf gegen den Imperialismus auf. In den USA sahen sie die stärkste Macht und die Zentrale dieses angeblichen Imperialismus. Als sich die Vereinigten Staaten von Amerika in Vietnam gegen den kommunistischen Vietkong engagierten und in einen grausamen Krieg verstrickten, brachen weltweite Proteste aus, die in der Bundesrepublik vor allem von Schüler- und Studentenbewegungen getragen wurden. In immer neuen Formen des Protestes – von der Studentenversammlung bis zur Großdemonstration, vom Sit-in bis zum Happening – forderte man Umorientierung der Politik oder auch Umsturz der gegebenen Ordnung. Der Protest richtete sich ebenso gegen die USA wie gegen den persischen Schah, gegen einzelne Hochschullehrer, Politiker, Bischöfe wie gegen den Faschismus und Imperialismus allgemein, gegen verkrustete Strukturen in Schule und Universität, gegen das »Establishment« im allgemeinen und schließlich gegen alle, die das dreißigste Lebensjahr überschritten hatten.

Diese Hinweise legen nahe, dass *örtlich betäubt*, wenn man das Etikett »Zeitroman« noch etwas genauer fassen will, als »Gesellschaftsroman«[42] oder als politischer Roman gelesen werden kann. Allerdings wird nicht das gesamte Panorama der weltpolitischen Lage dargelegt; vielmehr konzentriert sich der Blick auf fünf Personen, die sich den Problemen der Zeit stellen. Hauptperson ist Eberhard Starusch, junger »Studienrat für Deutsch und also Geschichte« (10, 23), Klassenlehrer einer 12a und augenblicklich in zahnärztlicher Behandlung. Irmgard Seifert ist seine vertraute, gleichalte Kollegin. Veronika Lewand, genannt Vero, und Philipp Scherbaum, kurz: Flip, sind die aufgewecktesten und kritischsten Schüler der genannten Klasse. Man könnte also sogar von einem »Schulroman« sprechen – eine weitere Untergliederung der Abteilung »Zeitroman« –, wenn nicht der Hauptteil der erzählten Zeit in die Zahnarztpraxis verlegt würde und wenn nicht dem Zahnarzt eine dem Studienrat fast ebenbürtige Rolle zugewiesen würde. Man sieht: Unumstritten wäre keine dieser Klassifizierungen.

Als ganz eindeutig gibt sich dagegen die Erzählsituation zu erkennen: Eberhard Starusch erklärt als Ich-Erzähler im ersten Satz seinen Lesern die Grundsituation: »Das erzählte ich meinem Zahnarzt« (5); und im Schluss-Absatz des Romans klagt er: »Mein Zahnarzt zeigte mir ein an der Wurzelspitze hängendes Säckchen: eitrig-wässriges Gewebe. Nichts hält vor. Immer neue Schmerzen« (192). Die zahnärztliche Behandlung, über die der Patient selbst berichtet, gibt zugleich den Rahmen und die Gliederung des Romans ab: Das 1. Buch umfasst die Unterkieferbehandlung; das 2. Buch hat eine Behandlungspause, die allerdings mit Pro-

---

42 Braak (Anm. 40), S. 221.

blemen anderer Art vollgestopft ist, zum Gegenstand; im
3. Buch, das deutlich knapper ausfällt, wird der Oberkiefer
des Studienrats reguliert.

Im Laufe des Romans lernt der Leser die wichtigsten Etap-
pen der Lebensgeschichte des Lehrers kennen. Dieser erlebt
Kindheit und Jugendzeit in Danzig und gehört dort zu der
Jugendbande, die der Leser der *Blechtrommel* schon kennt.
Als »Störtebeker« (146) ist er damals in die »Herz-Jesu-Kir-
che« eingedrungen und hat als »Chef einer im Reichsgau
Danzig gefürchteten Jugendbande« (10) auf seine Art Widerstand geleistet: »Als ich siebzehn zählte, wurde ich zum
Arbeitsdienst einberufen. Da lief schon die Untersuchung
gegen mich und die Stäuberbande« (146). Es folgt »Front-
bewährung gleich Strafbataillon« (146). Am Ende des Krieges gerät er in amerikanische Gefangenschaft. Lebensalter
und einige Lebensstationen hat er also mit dem Autor
Grass gemeinsam.

Unmittelbar nach dem Krieg versucht er Boden unter den
Füßen zu gewinnen, studiert zunächst Maschinenbau, wird
Angestellter in einer Baustoff-Firma in der Eifel und ver-
lobt sich mit Sieglinde Krings, der Tochter eines Firmenbe-
sitzers, der spät aus sibirischer Gefangenschaft zurückkehrt
und als ehemaliger Generalfeldmarschall über »die verlore-
nen Schlachten« (16) nicht hinwegkommt. Die Verlobung
geht »in die Brüche« (162); Starusch studiert noch einmal in
Bonn, leistet anschließend seinen Referendardienst ab, wird
Assessor und ist nun »seit Herbst letzten Jahres Studienrat
für Deutsch und Geschichte« (12) in Berlin.

Während Starusch im Behandlungsstuhl seines Zahnarztes
sitzt, läßt er – »maulgesperrt« (5) – sein Leben an sich vor-
überziehen. Er projiziert seine Gedanken auf die »Mattscheibe« (5) eines Fernsehers, den der Arzt in Blickrichtung
des Patienten installiert hat, um ihn abzulenken. Auf der
Mattscheibe erscheinen auf diese Weise nicht nur Werbe-
spots, sondern auch Bilder aus der Vergangenheit. Gelegen-

heit genug also, sich »seinen Erinnerungen, seinen Wünschen und seinen Problemen«[43] hinzugeben.

Der Leser ist zunächst herausgefordert, die Bilder und die ergänzenden Dialoge mit dem Zahnarzt in eine zusammenhängende Folge zu bringen. Danach steht er vor der noch größeren Aufgabe, den Wahrheitsgehalt der Aussagen zu prüfen. Sehr früh merkt er, dass Starusch von einzelnen Ereignissen mehrere Versionen erzählt. Allmählich verstärkt sich der Verdacht, dass sich der Lehrer bezüglich seiner Vergangenheit etwas vormacht, dass er während seiner Studienzeit in Aachen keineswegs der Verführer war, als den er sich ausgibt, dass er seiner Verlobten keineswegs so ebenbürtig war, wie er tut, und dass auch das Bild des siebzehnjährigen Widerstandskämpfers, der die Nazi-Führer vor Probleme stellte, heroisiert. Starusch steckt voller Selbstzweifel, unterrichtet seine Fächer mit wenig Überzeugungskraft, ist höchst schmerzempfindlich und hat Probleme im Umgang sowohl mit Schülerinnen und Schülern als auch mit Vorgesetzten, Kolleginnen und Kollegen. Ob man ihn als einen »Versager«[44] abstempeln muss, ist wahrscheinlich eine Frage, die nur beantwortet werden kann, wenn geklärt ist, was man von einem »selbstbewussten« Lehrer erwartet; offenkundig ist jedoch, dass dieser Starusch ein in hohem Maße verunsicherter Lehrer ist.

Es ist schwierig, aus dieser Position heraus Stellung zu Herausforderungen der Zeit zu beziehen und Ratschläge für konkretes Handeln zu erteilen. Der Lehrer ist »örtlich betäubt«, voller Zweifel, zwiespältig und unentschieden. Er glaubt weder an erlösende Opfer, noch an befreiende Taten. Kritisch steht er allen Revolutionen und allen Revolutionären gegenüber. Er ist für »den kleinen alltäglichen Fortschritt« (104); »aus einem radikalen Aufrührer« ist nach ei-

43 Gertrud Bauer-Pickar, »Spielfreiheit und Selbstbefangenheit. Das Portrait eines Versagers. Zu Günter Grass' *örtlich betäubt*«, in: Manfred Durzak, *Zu Günter Grass. Geschichte auf dem Prüfstand*, Stuttgart 1985, S. 96.
44 Ebenda, S. 96.

gener Einschätzung »ein gemäßigter Studienrat« geworden, »der sich, trotzdem und dennoch, für fortschrittlich hält« (156).

In dieser Einstellung wird er durch seinen Zahnarzt bestärkt, der ebenfalls das Kriegsende an der Front erlebte und »erst Mitte neunundvierzig entlassen« (47) wurde. Auch ihn haben seine Erfahrungen und seine Vernunft gelehrt, »die Früchte des kleinen, oft sogar lächerlich kleinen Fortschritts« (78 f.) zu schätzen und »Aufrufe zur Gewalt« (76) zu unterlassen oder, soweit möglich, zu verhindern.

Dadurch ist die Konfrontation mit der Generation der Jugendlichen unausweichlich. Die jetzt Siebzehnjährigen neigen ebenso zu Auflehnung, Umsturz und Radikalität wie die Stäuberbande in ihrer Zeit. Für den Erzähler und Autor scheint das siebzehnte Lebensjahr insofern eine besondere Bedeutung zu haben, als es die Jugendlichen in eine Krise versetzt, aus der sie selbst herausfinden müssen. Anfangs meint Starusch noch, dass seine Schülerinnen und Schüler von den Erfahrungen profitieren könnten, die er in seiner Jugend gemacht hat: »Das müßte Ihre Generation doch interessieren. Wir waren damals siebzehn, wie Sie heute siebzehn sind« (9). Aber genau das gelingt nicht: Erfahrungen können nicht übernommen, sondern müssen gemacht werden.

Um auf die menschenverachtende Kriegführung der USA im Vietnamkrieg aufmerksam zu machen und zu zeigen, was es heißt, Napalm-Bomben einzusetzen, plant Philipp Scherbaum, öffentlich seinen Hund, einen Langhaardackel, zu verbrennen: »Auf dem Kudamm, vor dem Kempinski. Und zwar am Nachmittag, wenn da Betrieb ist« (93). Er nennt das »Demonstrative Aufklärung« (93) und ist der Meinung, dass er dieses Opfer einer großen Sache bringen müsse. Er ist ehrlich überzeugt, dass diese Tat, diese Aktion, dieses Opfer zur politischen Bewusstseinsbildung beitragen könne.

Er findet Zustimmung bei seiner Klassenkameradin Vero Lewand, die sich als »Marxistin« (109) ausgibt und die im

Sammeln von Mercedessternen – »Sternchenpflücken« (117) – ein nettes Spiel und nicht etwa eine Form von Vandalismus sieht. Sie freut sich auf das angekündigte Happening und betont mehrmals, dass sie »fantastisch« (120, 138) findet, was ihr Freund vorhat. Doch dieser fühlt sich damit missverstanden. Seine Intention ist eine andere.

Auch Irmgard Seifert versucht Philipp zu ermuntern und zu unterstützen. Sie wartet, »daß etwas Reinigendes passiert« (95); sie treibt ihn an: »Seien Sie Beispiel. Gehen Sie mir, gehen Sie uns voran, damit unser Versagen nicht allgemein wird« (144). Aber ihre pathoserregende Redeweise verrät sie. Nicht umsonst wird sie von ihren Schülern »Erzengel« (41) genannt; Starusch charakterisiert sie als eine ehemals »gläubige BDM-Ziege« (97), die eben nicht verarbeitet hat, was sie in nationalsozialistischer Zeit erlebte. Ihre Erlebnisse sind nicht Erfahrungen geworden. Was sie von sich gibt, sind »schöngerundete Sprechblasen« (144) ohne praktischen Wert. Sie hat die Krisenzeit, die auch sie mit »siebzehn« (144) durchlebte, nicht bewältigt. Sie »schwärmt« (145) da, wo Vernunft gefragt ist.

Der Hund wird nicht verbrannt. Der Zahnarzt kann nach einem Gespräch mit Scherbaum dem besorgten Lehrer mitteilen: »Ihr Schüler verzichtet [...]. Er will die Schülerzeitung in die Hand nehmen. Aufklärende Artikel! Böse Glossen! Manifeste womöglich!« (165). Ob er den Zuspruch seiner Lehrerin und seiner Freundin als falsch und naiv durchschaut hat oder ob ihn die Vernunftgründe des Zahnarztes und seines Lehrers überzeugt haben, ist nicht festzustellen. Jedenfalls wird er für den kleinen Fortschritt sorgen, indem er über die Nazivergangenheit deutscher Politiker und Generale aufklärt, indem er sich in kleinen Schritten dem historisch bezeugten jugendlichen Widerstandskämpfer »Helmuth Hübener« (150) annähert, indem er schließlich für Reformen an den Schulen eintritt. Ob der Versuch, eine Raucherecke auf dem Schulhof durchzusetzen, schon ein Schritt nach vorn ist, bleibt als Frage offen.

Ein Umsturz findet also nicht statt. Die Schmerzen an den Zähnen und das Leiden an der Vergangenheit bleiben. Schmerzlindernde Mittel wie das immer wieder verabreichte Arantil wirken nur kurze Zeit. Auch die »örtliche Betäubung«, die Reparaturarbeiten erst ermöglicht, ist immer nur Mittel, nie Zweck. Eine Hoffnung blitzt zwischenzeitlich auf:

»Man stelle sich vor: Ein Zahnarzt und ein Studienrat regieren die Welt. Das Zeitalter der Prophylaxe bricht an. Allem Übel wird vorgebeugt. Da jeder lehrt, lernt auch ein jeder. Da alle dem Kariesbefall ausgesetzt sind, finden sich alle einig im Kampf gegen die Karies. Fürsorge und Vorsorge befrieden die Völker. Keine Religionen und Ideologien mehr, sondern Hygiene und Aufklärung beantworten die Frage nach dem Sein. Kein Vorsprung mehr und kein Mundgeruch. Man stelle sich vor . . .« (141).

Eine Utopie, die kaum ernst zu nehmen ist.

Dass Eberhard Starusch ebenso wie Irmgard Seifert als Jugendliche in der Endphase der Nazi-Zeit überfordert waren, versagt haben und mit diesem Versagen nicht fertig wurden, ist deutlich zu erkennen. Aber auch die Siebzehnjährigen des Jahres 1967 machen sich etwas vor, wenn sie Manifesten blind folgen und Happenings als politische Taten ausgeben. Der Autor, der seine politischen Erfahrungen aus dem Alltagsgeschäft politischer Meinungsbildung einbringen kann, warnt vor Irrationalismus und Radikalismus, hütet sich aber vor konkreten Handlungsanweisungen. Er selbst charakterisiert den Roman als »ein unentschiedenes Buch, das unter dem Titel *Verlorene Schlachten* zuerst als Theaterstück entworfen wurde und dann zum Roman *örtlich betäubt* mutierte, der wiederum aus seinem Mittelteil ein zweiaktiges Theaterstück entließ, das zuerst *Der Dackel*, dann *Davor* hieß«.[45]

In den Dialogen des Stücks *Davor* prallen die unterschied-

45 Volker Neuhaus, *Günter Grass*, 2., überarb. und erw. Aufl., Stuttgart/Weimar 1992 (Sammlung Metzler, 179), S. 113.

lichen Meinungen der Wortführer noch stärker aufeinander als im parallelen Roman: »Gegenübergestellt werden protoypisch kontroverse Ansichten, die in der Einsicht münden, daß die kontinuierliche Kleinarbeit dem spektakulären Aktionismus überlegen ist.«[46] Man sollte diese Einsicht, die der 68er Generation schwer zu vermitteln war, nicht gering schätzen.

Der Roman *örtlich betäubt* erschien sechs Jahre nach den *Hundejahren*, dem letzten Teil der Danziger Trilogie. Im Vergleich schnitt der neue Zeitroman in der deutschsprachigen Kritik schlecht ab: »Vorerst präsentiert sich der jugendlich-berserkerhafte Stürmer und Dränger von gestern als ein müder, schwächlich-schwermütiger Chronist. Aus dem grimmigen Idylliker ist ein elegischer Räsonneur geworden, aus dem bösen Provokateur ein lamentierender Protokollant«, urteilte Marcel Reich-Ranicki in der *Zeit* vom 29. August 1969 und fragte: »Wird sich das Buch später einmal als Dokument lediglich einer kritischen Übergangszeit im Leben seines Autors erweisen?«[47] Aus gehörigem Abstand betrachtet, lässt sich die Frage beantworten. Es wird nämlich noch zu zeigen sein, dass der ebenfalls umstrittene Zeitroman *Ein weites Feld* den Handlungsort Berlin wieder in den Blick nimmt und schon dadurch zum Vergleich und zur Auseinandersetzung reizt. Aus dem Rückblick wird aber auch deutlich, dass *örtlich betäubt* in einem ganz anderen Sinn »Dokument [. . .] einer kritischen Übergangszeit«[48] ist, als der Kritiker meinte.

Einen zunächst überraschenden Erfolg errang der Roman in den USA. Amerikanische Kritiker machten Grass zum Autor der Stunde. Der Verkaufserfolg war beachtlich.

---

46 Günter Grass, *Werkausgabe in 10 Bänden*, Bd. 8: *Theaterspiele*, S. 564.
47 Marcel Reich-Ranicki, *Günter Grass. Aufsätze*, Zürich 1992, S. 100.
48 Ebenda.

Das Treffen in Telgte. Eine Erzählung. Erstausgabe: Darmstadt/Neuwied: Luchterhand, 1979. – Zitiert nach: Günter Grass: *Das Treffen in Telgte*, Reinbek bei Hamburg 1981 (rororo, 4770).

Eine aus einem Geröllfeld herausgestreckte kräftige linke Hand, die eine zum Schreiben zugespitzte Gänsefeder hält, ist auf dem Schutzumschlag der Erstausgabe der Erzählung zu sehen. Diese Zeichnung, vom Autor selbst gefertigt, kündigt das Thema an und steht für ein Programm. Sie drückt das aus, was die Hauptperson der Erzählung am Ende des Treffens in Telgte über die Rolle der Schriftsteller und Dichter sagt: »Und wenn man sie steinigen, mit Haß verschütten wollte, würde noch aus dem Geröll die Hand mit der Feder herausragen. Einzig bei ihnen sei, was deutsch zu nennen sich lohne, ewiglich aufgehoben« (178). Der Ausspruch zeugt von nicht geringem Selbstbewusstsein, selbst wenn man berücksichtigt, dass er vor einem Publikum getan wird, das ausschließlich aus Literaten besteht und von dem kein Widerspruch zu erwarten ist.

Aber auch insgesamt gibt die Erzählung direkt und indirekt Antwort auf die Frage, welche Rolle dem Schriftsteller im Staat und in der Gesellschaft zukomme. Äußerer Anlass, diese Überlegungen anzustellen, war der bevorstehende siebzigste Geburtstag von Hans Werner Richter, dem das Werk gewidmet ist. Dieser Hans Werner Richter, am 12. November 1908 in Pommern geboren, ist heute weniger als Romanautor, dafür mehr als Initiator der Gruppe 47 bekannt. Richter hatte junge Autorinnen und Autoren erstmals für den 8. und 9. September 1947 eingeladen, auf einem Forum in Herrlingen bei Ulm aus ihren Manuskripten vorzulesen und zu diskutieren, um so eine neue Zeitschrift vorzubereiten. Die Versammelten sahen darin eine Chance und setzten sich – in Anlehnung an ähnliche Vereinigungen der europäischen Literaturgeschichte – zum Ziel, nach dem Chaos des Krieges und des Kriegsendes für eine Erneue-

Umschlagbild von Günter Grass zu »Das Treffen in Telgte«

rung der Sprache und der Literatur und für eine Veränderung des politisch-gesellschaftlichen Lebens einzutreten. Die Gruppe 47, die dann zwischen 1947 und 1967 jährlich an wechselnden Orten zusammentraf, bestimmte in dieser Zeit weitgehend das Bild der bundesrepublikanischen Literatur, obwohl sie weder durch eine Satzung noch durch feste Mitgliedschaft, sondern allein durch die Einladung Hans Werner Richters zusammengehalten wurde. Seit 1950 vergab die Gruppe auf jeder ihrer Tagungen einen Preis. Günter Grass erhielt die begehrte Auszeichnung 1958, nachdem er aus dem Manuskript der *Blechtrommel* gelesen hatte. Damit, so ist von heute aus festzustellen, war das Fundament für den Erfolg dieses Romans und seines Autors gelegt. Grass weiß also, was er der Gruppe 47 und ihrem Kopf, Hans Werner Richter, zu danken hat.

Verständlich also, dass er aus Dankbarkeit sein Werk ganz
offen als Geschenk für den »Freund« vorstellt, der »seinen
70. Geburtstag feiern will« (7). Das besondere Verdienst
dieses Freundes besteht aber darin, dass er »im siebenund-
vierzigsten Jahr unseres Jahrhunderts seinesgleichen um sich
versammelt hat« (7).

Erzählt wird jedoch nicht – jedenfalls nicht direkt – die Geschichte der Gruppe 47, sondern eine Geschichte, die »vor
mehr als dreihundert Jahren« (7) anfing. Der Leser wird in
die Zeit des Dreißigjährigen Kriegs zurückversetzt, liest
von Städten, die »noch immer oder schon wieder verwüstet,
mit Nesseln und Disteln verkrautet, von Pestilenz zersie-
delt« (7) sind, und wird bald mit Poeten wie Johann Rist,
Simon Dach und Paul Gerhardt bekannt gemacht, denen er
möglicherweise in der Literaturgeschichte im Kapitel Ba-
rockdichtung begegnet ist.

Und doch ist das *Treffen in Telgte* kein historischer und
auch kein literaturhistorischer Roman, sondern Fiktion. Ein
Treffen der über das Reich verstreuten Poeten, unterschiedlicher Konfession und verfeindeten Regenten untertan, hat
am Ende des Dreißigjährigen Krieges nicht stattgefunden
und hätte schon wegen der weiten Reisewege, der unsiche-
ren Straßen und der fehlenden Informationssysteme nicht
stattfinden können. Der Leser wird vielmehr zu einem Ge-
dankenspiel eingeladen, das nicht an eine bestimmte Zeit
und an einen bestimmten Ort gebunden ist und dessen Personen austauschbar sind.

Ziel eines solchen Poeten-Treffens hätte schon nach Ansicht
des 1647 längst verstorbenen Martin Opitz, des Verfassers
eines bedeutenden Lehrbuchs der Poesie, sein sollen,
»vnsere sach einig machen, derweil das Vaterland zerrissen«
(24). Ähnlich denkt man jetzt – 1647 – und sucht mit Absicht für eine Dichter-Zusammenkunft einen Ort »zwischen
Münster und Osnabrück« (26), den Städten also, in denen
die Friedensverhandlungen stattfinden, sei es »um dem
zuletzt verbliebenen Band, der deutschen Hauptsprache,

neuen Wert zu geben, sei es, um – wenn auch vom Rande her nur – ein politisches Wörtchen mitzureden« (26). Damit ist zugleich grob umrissen, was 1947 auslösendes Moment für ein Treffen der Autoren der unmittelbaren Nachkriegszeit war. Nicht historisch getreu, sondern beispielhaft offen wird also erzählt, wie Dichter miteinander umgehen, wie sie sich der Diskussion stellen und selbst diskutieren, wie sie über ihr Arbeitsmaterial, die Sprache, reden und über ihre Zielvorstellungen nach- und vorausdenken.

Während also in Münster und Osnabrück die Friedensverhandlungen laufen und einige Feldherren in der Umgebung noch kleinere Gefechte arrangieren, suchen die Poeten einen geeigneten Schutzort für ihre Tagung, da das ursprünglich anvisierte Quartier in der Nähe von Osnabrück »vom Stab des schwedischen Kriegsrates Erskein belegt worden« (10) war. Schließlich wird ihnen Telgte, »ein trauliches Städtchen, das zwar arm geworden, aber heil geblieben sei«, vermittelt, überdies »von altersher ein Wallfahrtsort« und schon deshalb »den musisch wallfahrenden Herren« (13) zu empfehlen. Dort finden sie »im Brückenhof, einem reetgedeckten Steinhaus, das hochgegiebelt inmitten Uferwildnis stand und auf ersten Blick wenig Kriegsschäden zeigte« (16), Quartier. Hier, auf einer Insel zwischen zwei Flussarmen der Ems, sind sie geschützt vor Kriegshandlungen und sind gleichzeitig nahe den Orten, wo Diplomaten, Politiker und Feldherren verhandeln: Hier wollen die Dichter tagen, »bis alles, die Not und das Glück der Poeterei wie das Elend des Vaterlandes, besprochen sei« (20).

Eingeladen hatte sie Simon Dach, der, in Memel 1605 geboren, den Literaturhistorikern als Repräsentant des Königsberger Dichterkreises gilt und dort einen Lehrstuhl für Poesie hatte. Dieser Simon Dach ist die anerkannte »Obrigkeit« der Tagung und besitzt eine natürliche Autorität: In ihm sehen die einen »einen Vater« (33); die »Fürsten der Gelehrsamkeit« hätten einen wie ihn »gern zum Regenten gewählt« (33); sogar Adlige ordnen sich gern dem »Bürger

Dach« (33) unter. Der Initiator und Organisator der Tagung
ist sich seiner Rolle und seiner Verantwortung jederzeit bewusst. So ist verständlich, dass er am Abend, als einige
schon Ruhe suchen und andere Wiedersehen feiern, noch
lange wach ist: »Er lag in seiner Kammer und zählte noch
einmal auf, wen er mit Briefen gerufen, unterwegs beredet,
mit und ohne Absicht vergessen, auf Empfehlung in seine
Liste genommen oder zurückgewiesen hatte, und wer noch
nicht eingetroffen war« (20).

Simon Dach wird also genau die Rolle zugewiesen, die
Richter in der Gruppe 47 spielte. Zumindest in diesem
Punkt ist *Das Treffen in Telgte* ein Schlüsselroman.

Der offizielle Teil des Dichtertreffens hat sehr viel Ähnlich-
keit mit einem Gerichtsprozess. Die Vortragenden nehmen
auf einem Schemel neben Dach, »der sich einen Armsessel
zugestanden hatte« (34), Platz und lesen aus ihren Werken;
der Vorsitzende ruft die Versammelten, also hauptsächlich
die Schriftstellerkollegen, aber auch Kritiker und Verleger,
zum »Disput« (35) auf, den er dann lenkt und leitet, ohne
den Delinquenten eine Möglichkeit der Erwiderung zu geben. Zwei Lesetage sind notwendig, um alle zu Wort kommen zu lassen. Aber auch außerhalb dieses Rituals, in den
Pausen und während der Mahlzeiten, geht der Disput weiter: »Überall wurden Abwesende durchgehechelt, lief Streit
überkreuz, war Spott überschüssig und bewarf man sich mit
wortgewordenen Steinen« (44). Gleichzeitig werden Ge-
schäfte gemacht: Verleger bemühen sich um Autoren, und
Autoren suchen ihrerseits nach Verlegern. So entsteht langsam ein Bild – von den Tagungen der Gruppe 47, ohne dass
diese konkret genannt oder beschrieben würde.

Vom zweiten Lesetag an steht neben dem Schemel für den
Vortragenden ein Tonkrug mit einer Distel, »Sinnbild
kriegswüster Zeit« (73). Sie ist unter anderem Mahnung für
die Versammelten, Stellung zur aktuellen Politik zu nehmen. Ein Friedensaufruf soll aufgesetzt werden. Auch das
geht nicht ohne gehörige Auseinandersetzung. Doch, als das

Manifest endlich von allen akzeptiert und unterschrieben ist,
bricht plötzlich Feuer auf dem Brückenhof aus. Keiner wird
verletzt, nur das Manifest wird ein Opfer der Flammen: »So
blieb ungesagt, was doch nicht gehört worden wäre« (180).
Kritik an denen, die nicht hören wollen, verbindet sich mit
Selbstironie, die bemerkt, dass die aufgewandten Mühen
zunächst einmal wirkungslos bleiben. So mag das eine Ziel
der versammelten Autoren, nämlich: »ein politisches Wörtchen mitzureden« (26), verfehlt worden sein; dafür ist das
andere, nämlich »der deutschen Hauptsprache [...] neuen
Wert zu geben« (26), sicherlich erreicht.
Dass der Erzähler, der sich zwar nicht in den Vordergrund
drängt, aber doch deutlich zu verstehen gibt, dass er zum
Kreis der Geladenen gehört, auf der Seite der Poeten steht,
ist verständlich. Wie es jedoch müßig scheint zu überlegen,
hinter welcher barocken Maske sich welcher moderne Autor verbergen könnte, so ist es auch überflüssig zu fragen,
ob hinter jenem Ich, das vorgibt, alles mitgeschrieben (109)
zu haben, das nicht nur weiß, dass die herbeigeschafften
»Fässer Wein Meßwein waren« (115), sondern gleichzeitig
die Vorgänge in Münster und Telgte überblickt, eine kon-
krete Person steht. Vielmehr ist festzuhalten, dass ein souveräner Erzähler souverän mit einem Stoff umgeht, um zu
zeigen: »Gestern wird sein, was morgen gewesen ist. Unsere Geschichten von heute müssen sich nicht jetzt zugetra-
gen haben« (7).
Als sicher darf angenommen werden, dass Hans Werner
Richter in Simon Dach gespiegelt wird. Weitere Zuordnun-
gen, die vermutet und erörtert wurden, haben keine letzte
Schlüssigkeit. Von einigem Reiz ist jedoch, die Figur des
Christoffel Gelnhausen genauer zu betrachten. Er, der
»Mitte Zwanzig« und von »schlaksiger Jugendlichkeit« ist,
befehligt »ein Kommando kaiserlicher Reiter und Muske-
tiere« (11) und verschafft den Poeten unter Androhung von
Gewalt das Quartier in Telgte. Er, der auch als »Jäger von
Soest« (111) bekannt ist, hat eine besondere Affinität zu

den Schriftstellern und stellt in Aussicht, dass er nach Kriegsende von sich reden machen werde: »höchst lebendig in viel bedrucktem Papier versteckt« (152). Dann werde er »den großen Sack aufmachen, [...] den langen Krieg als Wortgemetzel neuerdings eröffnen, alsdann ein entsetzliches Gelächter auffliegen lassen und der Sprache den Freipaß geben« (152). Angespielt wird damit auf den Roman *Der Abentheuerliche Simplicissimus Teutsch*, der 1668 veröffentlicht wurde. Der Autor, Hans Jakob Christoffel von Grimmelshausen, nutzt den Typ des Schelmenromans, um uns aus einer ungewohnten Perspektive über den Krieg erzählen zu können.

Ähnlich hat Grass nachträglich die Erzählabsicht gedeutet, die er mit seinem Roman *Die Blechtrommel* verfolgte, wenn er erklärt, er habe versucht, »der Dämonisierung des Nationalsozialismus mit kaltem Gelächter den verlogenen Schauer regelrecht zu zersetzen und der bis dahin ängstlich zurückgepfiffenen Sprache Auslauf zu schaffen«[49]. In Christoffel Gelnhausen und seinem noch zu schreibenden *Simplicissimus* spiegelt der Autor des *Treffens in Telgte* sich und seinen Schelmen Oskar aus der *Blechtrommel* und stellt seine Auffassung von der Rolle des Schriftstellers zur Diskussion.

Dass Grass über gehörige historische und literaturgeschichtliche Kenntnisse verfügte, als er seine Erzählung, die zunächst von knappem Umfang sein sollte und dann zur Dicke eines Romans anwuchs, begann, hatte er vorher nachgewiesen. Schon in seinem Roman *Der Butt*, der die Geschichte Danzigs und der Weichselniederung von der Jungsteinzeit bis zur Gegenwart panoramaartig vorführt, lenkt er den Blick auf die Zeit des Dreißigjährigen Krieges. Auch dort lässt er – im Kapitel »Im vierten Monat« – den jungen Andreas Gryphius mit dem schon betagten Martin Opitz zusammentreffen. *Das Treffen in Telgte* kann so als Fortset-

---

49 Günter Grass, »Rückblick auf die Blechtrommel oder Der Autor als fragwürdiger Zeuge. Ein Versuch in eigener Sache«, in: Grass (Anm. 1), S. 625.

zung der Literaten-Begegnung in Danzig angesehen werden. Dort ist aber auch schon die Tendenz vorgegeben, die Gegenwart in der Vergangenheit zu spiegeln und das Einst und das Jetzt in eine die Reflexion herausfordernde Beziehung zu setzen.

Von der Kritik wurde die Erzählung von Grass weitgehend positiv aufgenommen; mit Erstaunen und kritisch wurde jedoch angemerkt, dass »gerade die zornigsten jungen Männer der späten fünfziger und frühen sechziger Jahre« dabei seien, ihr Schiff »in ein Reich der Milde, des Harmonisierens, der heruntergespielten Konflikte«[50] zu steuern. Vielleicht war das den Deutschdidaktikern gerade recht, die das Werk des Themas und der doppelten literaturgeschichtlichen Perspektive wegen als Schullektüre[51] empfahlen.

Ein weites Feld. Roman. Erstausgabe: Göttingen: Steidl, 1995. – Zitiert nach der Erstausgabe.

Dieses Buch bestimmte die literarische Diskussion des Jahres 1995 in ungewöhnlicher Weise. Seit die dpa, die Deutsche Presseagentur, am 27. September 1994 verbreitet hatte, dass Grass »an einem Deutschland-Roman« schreibe, der »im kommenden Herbst zur Buchmesse erscheinen«[52] solle, waren zumindest die Literaturexperten gespannt. Als im März 1995 ebenfalls über dpa bekannt wurde, dass Hauptschauplatz des »umfangreichen neuen Roman[s]«, der jetzt schon mit dem endgültigen Titel vorgestellt wurde, Berlin und »Zeit der Handlung die Spanne zwischen Mauerfall

---

50 Reinhard Baumgart, »300 Gramm wohlabgehangene Prosa. Günter Grass: *Das Treffen in Telgte*«, in: R. B., *Deutsche Literatur der Gegenwart. Kritiken, Essays, Kommentare*, Hamburg 1994, S. 343.

51 Ralph P. Crimmann, »Günter Grass: *Das Treffen in Telgte*. Literaturdidaktische und literaturwissenschaftliche Beobachtungen«, in: *Der Deutschunterricht* 38 (1986) Heft 5, S. 7–22.

52 Zitiert nach: Oskar Negt (Hrsg.), *Der Fall Fonty. »Ein weites Feld« von Günter Grass im Spiegel der Kritik*, Göttingen 1996, S. 30.

und Wiedervereinigung«[53] sei, erhöhte sich die Aufmerksamkeit. Ein geschickter Werbefeldzug tat ein übriges: Im April 1995 las der Autor vor 750 Hörern im Jüdischen Gemeindezentrum in Frankfurt, eingeführt durch seinen Hauptkritiker Marcel Reich-Ranicki, erste Kapitel aus seinem Werk; einige Tage später wurde in Göttingen »der große Deutschlandroman«[54] mehr als 100 Buchhändlern vorgestellt; danach wurden 5000 Leseexemplare an Buchhändler und Rezensenten verschickt. Um die Vorabdruckrechte entstand ein Streit zwischen dem Verlag und dem *Spiegel.* Endlich wurde der 28. August, also Goethes Geburtstag, werbewirksam als offizieller Erscheinungstag bestimmt, was Buchhändler nicht hinderte, erste Exemplare von den 100 000 der Erstauflage zu verkaufen, sobald sie diese im Lager hatten.

Nach der erwähnten Lesung in Frankfurt hatte Grass zunächst viel Beifall – auch von dem moderierenden Kritiker – erhalten. In der Zeitschrift *Die Woche* (5. Mai 1995) lockte eine erste Besprechung, die sich allerdings nur auf eine Leseprobe von 30 Seiten stützen konnte: »Der Meister ist wieder da!«[55] Nach den aufs Höchste gespannten Erwartungen auf einen »Jahrhundertroman« musste dann die plötzliche Kehrtwendung der Kritiker, denen jetzt der ganze Roman vorlag, überraschen. In der *Spiegel*-Ausgabe vom 21. August 1995, also eine Woche vor dem offiziellen Erscheinungstermin, schrieb Reich-Ranicki in einem öffentlichen, formal an Günter Grass gerichteten Brief, dass er den »Roman *Ein weites Feld* ganz und gar mißraten«[56] finde. Das Titelblatt der Zeitschrift zeigte in einer Fotomontage, wie der Kritiker das Buch mit beiden Händen zerreißt. Die Empörung über dieses Bild war verständlicher Weise bei denen groß, die sich an Zeiten verbrannter und vernichteter Bü-

53 Ebenda, S. 31.
54 Ebenda, S. 69.
55 Ebenda, S. 68 und 491.
56 Ebenda, S. 79.

cher erinnerten. Während der Verkauf des Buchs gut anlief
– die erste Auflage war nach einer Woche ausgeliefert –, geriet die Diskussion in eine neue Phase. Es ging nicht mehr
allein um das Buch und seinen Autor, sondern auch um die
Grundlagen und Grenzen der Kritik.

Wer sich zuerst von dem Roman selbst – und nicht von
Werbung und Kritik – ansprechen lässt, merkt zunächst,
dass der Autor mit dem Titel auf *Effi Briest*, den wohl bekanntesten Roman von Theodor Fontane, anspielt. Dort
antwortet der alte Briest, Vater der unglücklichen Effi, auf
die Frage seiner Frau: »Ob wir nicht doch vielleicht schuld
sind?« ausweichend und zugleich zusammenfassend: »Ach,
Luise, laß ... das ist ein zu weites Feld.«[57]

Diese Wendung, mit der Fontanes Roman endet und die
mit gleichem Recht als Ausdruck von Resignation wie als
Zeichen von Lebensweisheit gedeutet werden kann, ist bei
Grass da anzutreffen, wo nach der »Wahrheit« (140), nach
der »Schuld« (295) und auch nach der deutschen »Einheit«
(295) gefragt wird. Unter ausdrücklicher Berufung auf den
alten Briest heißt es: »Es ist so schwer, was man tun und lassen soll. Das ist auch ein weites Feld« (354).

Schon durch den Titel wird der Leser also auf Fontane eingestimmt. Tatsächlich hatte Grass schon länger im Blick, romanhaft über Fontane zu schreiben; und die Widmung »Für
Ute, die es mit F. hat ...« erinnert an die Zeit in Kalkutta,
als sich Grass und seine Frau Ute gemeinsam mit Fontane
beschäftigten. Die einleitenden Sätze bereiten dann darauf
vor, dass man es in mehrfacher Hinsicht mit einem Fontane-Roman zu tun hat. Als Erzähler stellt sich eine Gruppe
»Wir vom Archiv« (9) vor. Gemeint ist das Fontane-Archiv
in Potsdam, das sich um die Sicherung und Verbreitung von
Fontanes Werk bemüht. Doch bleiben die Mitarbeiter anonym und fiktiv, wenn auch der ehemalige Archivleiter
Dr. Schobeß mehrfach erwähnt wird. Die Erzähler haben

57 Theodor Fontane, *Effi Briest*. Mit einem Nachw. von Kurt Wölfel, Stuttgart 1969 [u. ö.] (Reclams Universal-Bibliothek, Nr. 6961), S. 337.

gleichwohl einen bestimmten Erzählerstandort und eine
subjektiv begründete Erzählperspektive. Als Fontane-For-
schern ist ihnen alles das wichtig, was mit Fontane – mit seinem Werk und mit seiner Person – zu tun hat, und als Be-
wohner von Potsdam haben sie die deutsche Geschichte von
1949 bis 1989 als DDR-Bürger erlebt. Von der sogenannten
Wende 1989 sind sie nicht nur als Personen, sondern auch
als Angestellte einer nicht unbedingt gesicherten Institution
betroffen.

Für die Leute vom Archiv ist Theo Wuttke, die Hauptperson des Romans, von besonderem Interesse, da sie in ihm
eine Person sehen, die in so auffallender Weise an Theodor
Fontane, den »Unsterblichen«, erinnert, dass sie den Nachfahren »Fonty« nennen. Tatsächlich rücken schon die Le-
bensdaten Theo Wuttke in die Nähe des »Unsterblichen«:
Wuttke wurde wie Fontane in Neuruppin am 30. Dezember
1919, also genau 100 Jahre später als jener, geboren. Auch
die Lebensgeschichte weist auffallende Parallelen auf: Er ist
verheiratet mit einer Frau, die er wie jener »Emmi« ruft, hat
wie jener drei Söhne namens Georg, Theodor und Friedrich
und außerdem eine Tochter »Mete«. In Fonty lebt für die
Leute vom Archiv Fontane wieder auf. Aber auch Wuttke
selbst tut alles, um dieser Fiktion zur größtmöglichen Wirklichkeit zu verhelfen; er exerziert »das Fortleben wie ein
Programm« (48) durch: »Er täuscht nicht vor. Er steht dafür. Er lebt fort« (48). Er denkt und lebt sich so in das Werk
und die Person Fontanes ein, dass er mit diesem identisch
zu werden scheint. Er zitiert Briefe und Textausschnitte des
großen Realisten, als seien es seine eigenen, und erlebt die
Geschichte von 1848 bis 1898 noch einmal so, als sei es seine
Gegenwart. Schließlich spielt er mit den Figuren von Fontanes Romanen, als seien es seine Schöpfungen, die fortleben.
So wird *Ein weites Feld* auch in jenem Sinn ein Fontane-
Roman, als man die gesamte Biographie und das gesamte
Lebenswerk des »Unsterblichen« romanhaft präsentiert
erhält, ergänzt um einige Abschnitte – Liebesbeziehungen

mit Folgen –, über die die streng wissenschaftlich vorgehen-
den Biographen noch im Unklaren sind.

Allerdings ist Vorsicht geboten. Theo Wuttke ist nicht nur
die Inkarnation des großen Fontane, wie die Leute vom Archiv es wohl gern hätten, sondern er hat auch sein eigenes Leben und seine eigene Geschichte. Im Zweiten Weltkrieg war er als Kriegsberichterstatter vorwiegend in Frankreich eingesetzt. Nach dem Krieg versuchte er sich zuerst
als Junglehrer, wurde dann Mitarbeiter im Kulturbund
der DDR und hielt landesweit Vorträge über Fontane und
sein Werk. Ende der siebziger Jahre erhielt er eine Stelle
als Aktenbote im Haus der Ministerien in Berlin und
arbeitete seitdem wieder in jenem Gebäude an der Ecke
Leipziger Straße/Wilhelm-Straße, in das er, als es noch Gö-
rings Reichsluftfahrtministerium war, seine Kriegsberichte
brachte, in dessen Paternoster also einst Göring und später
Ulbricht auf und ab fuhren und das 1990 Verwaltungsge-
bäude der Treuhandanstalt werden sollte, jener Institution,
die die volkseigenen Betriebe der DDR nach der Wende an
private Käufer vermittelte. Obwohl Wuttke bereits siebzig
Jahre zählt, behält er seine Stelle und transportiert Akten
von Dienststelle zu Dienststelle. Als »Fonty« scheint Theo
Wuttke also ein Doppelleben zu führen. Und so ist der
Leser genauso wenig überrascht wie »Fonty« selbst, als er
erfährt, dass sich »Theo Wuttke als des Unsterblichen Urur-
enkel begreifen durfte« (684). Ein Fehltritt des Unsterblichen macht diese glückliche Lösung möglich.

»Fonty« beigegeben ist Ludwig Hoftaller, ebenfalls 1919
geboren und ebenfalls im Besitz eines Vorlebens. Hoftaller
ist die weitergeführte fiktive Gestalt aus Hans Joachim
Schädlichs Roman *Tallhover*, erschienen 1986 bei Rowohlt
in Hamburg. Tallhover wird dort dargestellt als Spitzel der
politischen Polizei, der zuerst 1830 nach den Karlsbader Be-
schlüssen den kritischen Dichtern und Intellektuellen nach-
spionierte, der dieses Handwerk dann in preußischen Diens-
ten, unter nationalsozialistischer Herrschaft und schließ-

lich in der DDR betrieb und so zum treuen Diener jeder
Staatsform wurde. Diese Figur lässt Grass, mit ausdrücklicher Genehmigung von Schädlich, aufleben und macht sie
zum dauernden Gesprächs- und Handlungspartner Theo
Wuttkes. Da Hoftaller als Tallhover schon Theodor Fontane observierte – vor allem zu Revolutionszeiten 1848 in
Dresden und später in London –, ist auch hier die Konti-
nuität gewahrt: Wie Fontane in Wuttke weiterlebt, so Tallhover in Hoftaller. Beide Doppelfiguren bilden zusammen
ein unzertrennliches Paar. Hoftaller ist allerdings im vorlie-
genden Roman nicht nur der Spitzel, der sich jeder Regie-
rungsmacht andient und die Observierten mit Hilfe der
Drohung »Wir können auch anders« auf die richtige Bahn
bringt, sondern er hält auch die schützende Hand über die
ihm Anvertrauten, wenn sie in Schwierigkeiten geraten.
Hoftaller ist bei weitem humaner als etwa Mephisto, mit
dem er in einigen Buchbesprechungen verglichen wurde.
Haupthandlungsort ist Berlin. Da die direkt erzählte Geschichte im Dezember 1989 einsetzt, sind die Grenzen zwischen Ost und West bereits aufgehoben und das ungleiche
Paar kann ungehindert vom Haus der Ministerien zum
Brandenburger Tor und von dort in den einstigen Ostteil,
etwa zum Alexanderplatz, oder in den einstigen Westteil,
etwa in den Tiergarten oder zum Bahnhof Zoo gelangen.
Zu gut zwei Dritteln spielt der Roman in Berlin und hat
sich schon deshalb das Etikett »Berlin-Roman« verdient.
Wer die Berlin-Romane Fontanes von *Schach von Wuthe-
now* bis *Mathilde Möhring* mit Hilfe von Stadtplänen auf
Detailgenauigkeit überprüft und wer Alfred Döblins Roman *Berlin Alexanderplatz* in gleicher Weise untersucht,
dem wird eine Karte von Berlin und Umgebung auch bei
der Lektüre des Grass-Romans gute Dienste tun.
Doch obwohl *Ein weites Feld* als Schauplatz die deutsche
Hauptstadt zur Zeit der wohl größten politischen Umwäl-
zungen in diesem Jahrhundert hat, stieß es in der Kritik auf
den Vorwurf der Handlungsarmut. Nun steht dieser Vor-

wurf durchaus in der Tradition der großen Fontane-Romane wie *Frau Jenny Treibel* oder *Der Stechlin*, die der Autor selbst als handlungsarm charakterisiert hat. Tatsächlich sind wenig Spannungselemente herauszuheben, wenn man die vordergründige Handlung von *Ein weites Feld* in einer knappen Inhaltsangabe zusammenfasst: Wuttke und Hoftaller spazieren an einem Dezembernachmittag des Jahres 1989 vom Haus der Ministerien zum Brandenburger Tor und räsonnieren über den Fall der Mauer und die auf sie zukommende Einheit. Ende Dezember wird Fontys siebzigster Geburtstag gefeiert und dann bereitet Familie Wuttke die Hochzeit ihrer Tochter Mete mit Herrn Grundmann, einem »Wessi«, vor. Die Aufregungen lösen bei Theo Wuttke eine »Nervenpleite« aus, die ihn zuerst aufs Krankenlager wirft und ihm dann einen Genesungsurlaub einbringt, den er nutzt, um eine Reise nach Hiddensee und Rügen zu machen. Zurück in Berlin erhält er Besuch aus Frankreich. Er lernt Nathalie Aubron, seine Enkelin kennen, von deren Existenz er ebenso wenig wusste wie von seiner frühen Vaterschaft, grundgelegt im Frühjahr 1944, als er Kriegsberichterstatter in Frankreich war. Nach seiner Gesundung wird er noch eine Zeit lang von der Treuhand beschäftigt, bis man sein Dienstzimmer braucht. Am Ende, im Herbst 1991, entschwindet er mit seiner Enkelin: Der »Haubentaucher« war immer schon sein Lieblingsvogel; jetzt, wo alles »abgewickelt« wird, kann ihn niemand mehr vom Wegtauchen abhalten.

Liest man den Roman in dieser Verkürzung, so mag der Wunsch nach mehr Aktion berechtigt sein. Hält man sich jedoch vor Augen, dass das Werk die wichtigsten Stationen der deutschen Geschichte, angefangen bei der Revolution von 1848, über die Einigungskriege 1864, 1866 und 1870/1871, über die Reichsgründung, weiter über die Zeit der Nazi-Diktatur bis zur DDR – mit Juni-Aufstand und Mauerbau – thematisiert und schließlich über den Zusammenbruch der DDR unter der Regierung Modrow und de Maizière berichtet, so scheint der Vorwurf absurd. Er entsteht deshalb, weil die Ereignisse nicht direkt vorgeführt werden, sondern gespiegelt geboten werden. Die Doppelfigur Fontane-Wuttke, genannt Fonty, reflektiert, was sie sieht und erlebt, unter Verwendung jener Erfahrungen, die sie in einhundertfünfzigjähriger deutscher Geschichte gemacht zu haben glaubt. Die so gewonnenen Einschätzungen der Lage werden mit Hoftaller diskutiert. Diese Diskussionen werden dann vom Erzähler-Wir, den Mitarbeitern des Fontane-Archivs, mitgeteilt. So kommt es zu einer mehrfachen Brechung, die nicht immer leicht zu durchschauen ist und die kaum den Anspruch erheben kann und will, objektiv zu sein.

Es mag dahingestellt sein, ob es grundsätzlich möglich ist, über Zeitereignisse wie Mauerbau und Mauerfall, Teilung Deutschlands und Vereinigung Deutschlands, Wirtschaftsblöcke und Währungsunion mit historischer Genauigkeit zu berichten und darzulegen, wie es »wirklich« gewesen ist. Von einem Gegenwartsroman kann das auf keinen Fall erwartet werden. Hier geht es um Perspektiven und Ansichten, um Erlebnisse und Erfahrungen, um subjektive Meinungen und Urteile, bezogen auf verschiedene Temperamente und mitgeteilt durch fiktive Erzähler.

So liest man höchst eigenwillige Urteile über zeitgenössische Autoren wie Stefan Heym, Christa Wolf, Hermann Kant, Heiner Müller, Günter de Bruyn, Wolf Biermann und Uwe Johnson, die Theo Wuttke als literarisch Interessierter und als Mitglied des Kulturbundes selbstverständlich kennt. Auch über die Politiker Honecker, genannt »Honni« (9) oder »der Mann mit dem Hütchen« (568), über Krenz, Modrow, de Maizière und Gorbatschow, abgekürzt »Gorbi« (9), hat er seine eigene Meinung. Mit diesen Aussagen eckt er weder bei seinen Gesprächspartnern noch bei seinem Lesepublikum in den alten und neuen Bundesländern an.

Problematisch wird es erst, wenn Fonty und die Leute vom

Archiv Stellung beziehen zu Brennpunkten der deutschen Geschichte und der politischen Gegenwart. Zentrales Thema ist die Einheit Deutschlands, wie sie 1871 nach den sogenannten Einigungskriegen zustande kam und wie sie in der Gegenwart, also nach dem Zusammmenbruch der DDR 1989 geschaffen werden soll. Fonty ist skeptisch: »Bin untauglich für schnelle Anschlüsse; das gilt auf Bahnhöfen wie in der Politik« (326). Ihn erinnert das, was vor allem im Westen als Wiedervereinigung gefeiert wird, »kolossal an anno einundsiebzig« (328). Hoftaller gegenüber äußert er: »Deutsche Einheit ist immer die Einheit der Raffkes und Schofelinskis« (411). Skeptisch und pessimistisch sieht er der Zukunft entgegen.

Aber auch der DDR-Vergangenheit gegenüber nimmt er einen eigenen Standpunkt ein. Das Ehepaar Wuttke ärgert sich gemeinsam über ihren West-Schwiegersohn, der »am liebsten hören will, daß wir von früh bis spät gelitten und uns wie im KZ gefühlt haben« (327). Gegenüber Besuchern aus dem Westen verteidigt er sogar das Regime: »Was heißt hier Unrechtsstaat! Innerhalb dieser Welt der Mängel lebten wir in einer kommoden Diktatur« (324 f.).

Bei solchen Äußerungen muss die Gesprächssituation berücksichtigt werden, in der sie fallen; außerdem ist zu bedenken, dass Fonty zwar zurechtgewiesen und zurückgesetzt wurde, im ganzen in der einstigen DDR aber doch seine private Zufriedenheit fand. Andere mögen andere Erfahrungen gemacht haben; aber für diese anderen spricht Fonty nicht.

Dass der Leser sich an solchen Äußerungen reibe, dürfte durchaus im Sinne der Erzähler und des Autors gelegen haben. Geschrieben wird für ein Publikum, das die dargestellten Ereignisse der »Wende« in der Zeit zwischen 1989 und 1991 miterlebt, zum Teil mitgestaltet hat. Dem Leser werden noch einmal die wichtigsten Stationen in entsprechender Brechung vor Augen gehalten: die letzten Volkskammerwahlen der DDR am 18. März 1990; Herstellung der

Währungsunion am 1. Juli 1990; Gründung der Treuhandanstalt und ihre Arbeit seit März 1990; Mordanschlag auf
den Chef der Treuhand, Detlev Karsten Rohwedder, am
1. April 1991; Tag der Wiedervereinigung Deutschlands am
3. Oktober 1990; Überführung der Sarkophage der Preu-
ßen-Könige Friedrich Wilhelm II. und Friedrich der Große
nach Potsdam am 17. August 1991.
Angeboten wird also ein zeitkritischer Gegenwartsroman,
der Stellung nimmt und zur Stellungnahme herausfordert.
Standpunkte und Sehweisen der Erzähler und der Haupt-
personen sind zu einem guten Teil durch die miterlebte
DDR-Geschichte geprägt. Die skeptische und weitgehend
pessimistische Haltung scheint vom verehrten »Unsterblichen« übernommen zu sein; für ironische Distanzierungen
sorgt vor allem Hoftaller. Die Richtung der Kritik verläuft
in den Hauptsträngen von Osten nach Westen, die Ziel-
punkte sind eindeutig im Westen zu suchen.
Was »der Mann mit den Ohren« (225), also Außenminister
Genscher, und was »die dröhnend regierende Masse« (148),
also Bundeskanzler Kohl, geleistet haben, wird herunter-
gespielt, skeptisch betrachtet oder auch kritisch verurteilt.
Diese Abwertungen, verbunden mit den Aufwertungen der
DDR-Vergangenheit, wurden vor allem von westlichen Lesern und Kritikern als Provokation verstanden und zurückgewiesen.
Nun ist das Provozieren, auf das lateinische Verb *provocare*
= heraus-, hervorrufen zurückgehend, als Akt der Herausforderung und der Aufreizung eine Eigenart sowohl des
zeitkritischen als auch des politischen Romans. In der Auseinandersetzung um den Roman *Ein weites Feld* wurden jedoch nicht Fonty, Hoftaller und die Erzähler vom Archiv
als Provokateure angesehen, sondern der Autor Günter
Grass. Literaturwissenschaftler müssen aber dringend darauf hinweisen, dass im allgemeinen zwischen der Position
des Autors und der des Erzählers und seiner Figuren streng
zu trennen ist. Der Autor kann für die Gedanken und

Handlungen seiner Figuren nicht belangt werden. »Fonty«
und die Leute vom Archiv sind weder Juristen, die die ver-
fassungsrechtlichen Probleme der Einigung durchschauen
könnten, noch sind sie Wirtschaftswissenschaftler, die über
Gesetze der Ökonomie Bescheid wissen. Vielmehr sind sie
allgemein gebildete Bürger, die den Licht- und Schattensei-
ten der Wende und der Vereinigung ausgesetzt sind und
dazu das Ihrige sagen.

Andererseits ist darauf hingewiesen worden, dass Grass die
Urteile, die er seine Figuren verbreiten lässt, auch selbst in
Reden und Interviews geäußert hat. Dass sich diejenigen,
die in den Figuren des Romans nur ein Sprachrohr des Autors sehen und sich von diesem angegriffen fühlen, zur
Wehr setzen, dürfte verständlich sein. So wandte sich die
Präsidentin der Treuhandanstalt, Birgit Breuel, in einem
Aufsatz in der *Wirtschaftswoche* vom 7. September 1995 gegen die Tendenz, die in dem Roman gegen die Einrichtung
und die dort arbeitenden Personen verbreitet wird. Klaus
von Dohnanyi, ehemaliger Bundesminister und Hamburger
Bürgermeister, schrieb im *Stern* vom 14. September 1995
einen offenen Brief an Günter Grass und forderte als ehemaliger Mitarbeiter der Treuhand: »Da mußt Du Dir dann
schon etwas Sachverstand erarbeiten, ehe Du uns solche
Grobheiten an den Kopf wirfst.«

Provoziert wurden also ein literarischer und ein politischer
Diskurs. In der Auseinandersetzung um einen politischen
Roman sind die beiden Kampffelder kaum sauber abzu-
grenzen.

Ein weites Feld kann als Fontane-Roman gelesen werden.
Doch scheint der Rückgriff auf den Dichter und Kritiker
und sein Werk eher Mittel als Zweck. Auch die Einbezie-
hung wichtiger Stationen der deutschen Geschichte des
19. Jahrhunderts ist nicht Selbstzweck, sondern dient der
Erhellung der Gegenwartssituation. Als zeitkritischer Gegenwartsroman und als Berlin-Roman dürfte er weiterhin
die politische und literarische Diskussion beleben. Vielleicht

werden das Stück *Die Plebejer proben den Aufstand* und die
Romane *örtlich betäubt* und *Ein weites Feld* in Zukunft als
Texte über drei Stationen deutscher Geschichte im 20. Jahrhundert begriffen und zu einer Art »Berliner Trilogie« zusammengefasst.

Mein Jahrhundert.   Erstausgabe: Göttingen: Steidl, 1999.

Viele fühlen sich herausgefordert, an der Epochenschwelle
vom 20. zum 21. Jahrhundert ein Resümee zu ziehen oder
wenigstens einen Rückblick zu tun. So auch Günter Grass,
der sich auch früher schon als Zeitzeuge gemeldet hat. Doch
ist das 1999 vorgelegte Werk keine historische Darstellung
und auch keine Autobiographie, sondern eine Folge von
Prosageschichten unterschiedlicher Ausformung mit einem
Umfang von mindestens zwei und höchstens sechs Seiten,
die jeweils repräsentativ für ein Jahr dieses Jahrhunderts
stehen. Den Stoff hat also dieses Jahrhundert geboten; die
Auswahl besorgte der Autor.

Das »mein« im Titel, das sogenannte Possessivpronomen,
erklärt das Jahrhundert keineswegs zum Besitz eines einzelnen, sondern es stellt eine Beziehung zwischen einem erle-
benden, denkenden, erzählenden und schreibenden Ich und
einem erlebten, durchdachten und beschriebenen Gegenstand, eben diesem Jahrhundert, her. Dieses Ich ist nicht immer das Ich des Autors als reale Person; doch immer ist es
ein Ich, das vom Autor geprägt ist und das mit dem Autor
geistesverwandt ist. So entsteht ein subjektiv verantwortetes
Bild von diesem Jahrhundert.

Bei allem geht es nicht um Anklage und Belehrung, nicht
um Bekenntnis und Rechtfertigung; vielmehr werden
standpunktgeprägte Ansichten vorgetragen, die aufkläre-
risch wirken, indem sie zum Zurück- und Nachdenken
zwingen und manchmal zum Widerspruch herausfordern.
Die hundert Geschichten sind chronologisch, also nach der

Folge der Jahre geordnet. Trotzdem erkennt man die Epocheneinschnitte und Perioden der deutschen Geschichte, beginnend beim Kaiserreich, entscheidend geprägt durch die beiden Weltkriege, verseucht durch Faschismus und Hitler-Diktatur, weiterhin geprägt durch die Zweiteilung der Welt in Militärblöcke und die schließlich erreichte Wiedervereinigung Deutschlands. Das Leben der Menschen wurde jedoch nicht nur von der – meist verhängnisvollen – politischen Geschichte bestimmt, sondern auch von Erfindungen wie denen von Auto, Radio, Schallplatte, Fernsehen oder von Ereignissen wie Weltmeisterschaften und Olympischen Spielen. Manchmal konkretisiert sich der Zeitgeist in Tanzmoden, in Erziehungsstilen oder im Outfit der Jugendlichen. Einige Jahre sind für den Autor Günter Grass von so individueller Bedeutung, dass dagegen das Weltgeschehen um ihn herum verblasst: 1959, als sich der Welterfolg seiner *Blechtrommel* abzeichnete, ist ein solches Jahr.

Obwohl die Geschichten Einzelstücke sind, glaubt der Leser am Ende doch ein komponiertes Mosaik erkennen zu können. So sind die Jahre des Ersten Weltkrieges (1914–18) ebenso wie die des Zweiten Weltkrieges (1939–45) aus der Retrospektive dargestellt. In dem einen Fall lässt der Autor die beiden »Kriegsschriftsteller« Ernst Jünger und Erich Maria Remarque auf das Geschehen zurückblicken, in dem zweiten Fall überlässt er das Wort in makabrer Weise ehemaligen »Kriegsberichterstattern«, die inzwischen in der Medien-Landschaft der Bundesrepublik ihren Platz gefunden haben. Wie Sport und Politik, aber auch Sport und Kommerz verquickt werden, zeigen Geschichten wie die über den Boxer Max Schmeling, den 100-m-Läufer Armin Hary und über die Fußballweltmeisterschaften 1954 und 1974.

Wer bei der Lektüre einen Seitenblick auf historische Darstellungen wirft oder die Texte mit eigenen Erfahrungen und Ansichten in Beziehung setzt, wird an vielen Stellen in einen Diskurs verwickelt. Wer etwa die Reden Wilhelms II.

– die sogenannte Hunnenrede und die Ansprache vor strei-
kenden Arbeitern – als Texte gelesen hat und nun die Sicht
der Angeredeten vermittelt erhält, wird möglicherweise
seine Ansicht vom Kaiserreich revidieren. Oder: Wer den
Bau der Autobahnen und die Olympischen Spiele 1936 in
Berlin für positiv zu wertende Leistungen des Führerstaates
hält, wird in seiner Meinung erschüttert, wenn er in dem einen Fall Genaueres über die Situation der Straßenbauarbei-
ter erfährt und in dem andern bedenkt, dass gleichzeitig an
Konzentrationslagern gebaut wurde.

Es gibt Stücke, in denen die ganze Geschichte eines Jahr-
zehnts enthalten ist. Das gilt etwa für den Tag der Macht-
ergreifung 1933, der durch einen einzigen Satz des Malers
Max Liebermann kommentiert wird: »Ich kann janich soviel fressen, wie ick kotzen möcht.« Das gilt aber auch für
den Kniefall des deutschen Bundeskanzlers Willy Brandt an
der Gedenkstätte im ehemaligen Warschauer Ghetto im
Jahr 1970. Noch einmal wird die ganze Kontroverse um die
sogenannten Ost-Verträge – mit allen Verdächtigungen und
Verunglimpfungen – ins Bewusstsein gerückt.

Der Autor, der auch in den ausgeliehenen Ichs immer gegenwärtig ist, gibt an einigen Stellen Auskunft über epo-
chale Einschnitte seines Lebens. Dass er erwähnt, dass zeit-
gleich mit seiner Geburt 1927 Martin Heideggers philoso-
phisches Werk *Sein und Zeit* erschien, mag als Beweis für
Selbstironie gelten. Der Erfolg der *Blechtrommel* bestimmte das Jahr 1959. Einen ähnlichen Einschnitt für sein
Leben mag 1987 die Flucht-Reise mit seiner Frau Ute nach
Kalkutta bedeutet haben, wo erste Pläne für seinen Fontane-Roman *Ein weites Feld* gefasst wurden. Als besonderes
Glanzstück darf der Monolog der verstorbenen, doch zu
fiktivem Leben wiedererweckten Mutter des Autors gelten.
Vieles aus der Lebensgeschichte des Autors und manches
der Stoffgeschichte seiner bedeutendsten Werke wird hier
noch einmal aus der Sicht der Mutter zusammengetragen.
Vor allem aber ist dieses Stück eine Hommage an eine Mutter, wie sie selten zu lesen ist.

4. Öffentliche Reden

Die Blechtrommel sorgte zunächst in Deutschland für Aufsehen; sehr bald reichte ihre Wirkung über den deutschsprachigen Raum hinaus und begründet Ruhm und Ansehen des Autors als, wie das amerikanische Magazin *Time* 1970 meinte, »der Welt – oder Deutschlands – größter lebender Schriftsteller«.[58] Die Autorität, die ihm dieser Ruhm einbrachte, suchte Grass für sein politisches Engagement zu nutzen, als er begann, in die Wahlkämpfe der Bundesrepublik einzugreifen. Er wurde zu einer öffentlichen Person, die sich weltweit Gehör verschaffte. Als Repräsentant literarischer und künstlerischer Verbände wurde er ums Wort gebeten. Mit seinen offenen Reden gewann er nicht nur Freunde; er war manchem Streit ausgesetzt und musste manchen Streit bestehen.

Rede über das Selbstverständliche. Zur Verleihung des Georg-Büchner-Preises in Darmstadt am 9. Oktober 1965. – Die Reden werden zitiert nach: Günter Grass: *Werkausgabe in 10 Bänden*, Bd. 9: *Essays, Reden, Briefe, Kommentare*, Darmstadt/Neuwied 1987.

Der Georg-Büchner-Preis, der Günter Grass 1965 von der Deutschen Akademie für Sprache und Dichtung zugesprochen wurde, gilt als der bedeutendste Literaturpreis der Bundesrepublik. Er soll – laut Satzung vom 21. März 1958 – an »Schriftsteller und Dichter« vergeben werden, »die in deutscher Sprache schreiben, durch ihre Arbeiten und Werke in besonderem Maße hervortreten und an der Gestaltung des gegenwärtigen deutschen Kulturlebens wesentlichen Anteil haben«[59]. Obwohl die Ausgezeichneten keineswegs an der Person oder am Werk des frühverstorbenen

58 Neuhaus (Anm. 6), S. 99.
59 *Büchner-Preis-Reden 1951–1971*. Mit einem Vorw. von Ernst Johann, Stuttgart 1972 [u. ö.] (Reclams Universal-Bibliothek, Nr. 9332), S. 8.

Georg Büchner gemessen werden, erwarten viele von einem Träger des Georg-Büchner-Preises »das Frühvollendete der Kunst, das Sozial-Politische des Engagements wie das Zukunft-Trächtige der Aussage«[60].

In der Bundesrepublik war am 19. September 1965 gewählt worden. Grass hatte sich schon bei der Bundestagswahl 1961 für den Kanzlerkandidaten der SPD, Willy Brandt, vehement eingesetzt, als dieser von seinen politischen Gegnern als »Emigrant« und »unehelich Geborener« disqualifiziert werden sollte. Nun, im Jahr 1965, hatte Grass auf zwei Wahlreisen mit 52 Auftritten in 45 Städten »allein und ohne Absprache mit der Partei«[61] für die SPD geworben. Der erhoffte Erfolg blieb jedoch aus: Zwar erhöhte die SPD ihren Stimmenanteil von 36,2 auf 39,3 Prozent; doch konnte die CDU, die mit Bundeskanzler Ludwig Erhard auf 45,3 Prozent der Stimmen kam, zusammen mit der FDP, die 9,5 Prozent der Stimmen erhielt, ihre Koalitionsregierung fortsetzen.

Von dieser Wahlniederlage, die er auch als eine persönliche empfand, war Grass noch gezeichnet, als er am 9. Oktober in Darmstadt, dem Sitz der Deutschen Akademie für Sprache und Dichtung, den Büchner-Preis entgegennahm. Statt mit einem von allen erwarteten dankenden Satz anzufangen, begann er mit der rhetorischen Frage: »Warum nicht heute und hier die Bilanz ziehen?« (150). Zu dieser Bilanz gehören dann Kurzberichte von 52 Wahlkampfauftritten, von Störungen und Erfolgen, von Unterstützung und Verweigerung. Vor allem spricht er von der »Niederlage« (154), der »nationalen Pleite« (150), von »der Katastrophe vom 19. September« (157). Er gesteht ein: »Wie peinlich. Ich betrüge Sie in aller Öffentlichkeit um den Genuß einer Festrede und verschleppe den profanen Wahlkampf über den Termin hinaus bis in den Windschatten dieser Akademie. Ohne Abstand, ja noch immer betroffen von den ruckenden

60 Ebenda, S. 5.
61 Neuhaus (Anm. 6), S. 107.

Verleihung des Georg-Büchner-Preises 1965.
Günter Grass im Gespräch mit Demonstranten

Prozentzahlen auf dem Fernsehschirm, betrat ich diesen
Saal und erteilte dem Zorn das Wort« (161).
Statt eine das Publikum einigende, erbauende und unterhal-
tende Festrede zu zelebrieren, fordert er in einer ganz und
gar parteiischen Rede das Publikum zur Stellungnahme heraus. Er handelt den Erwartungen der Festversammlung zu-
wider, missachtet, was die Redesituation eigentlich von ihm
erwartet, und hält eine politische Rede mit scharfen Angrif-
fen auf einen Gegner, der in dieser Situation nicht antworten, nicht einmal reagieren kann. Zu erklären ist dies mit
dem eingestandenen Zorn, aber auch mit der Auffassung
von den Aufgaben eines Schriftstellers, der sich auf Georg
Büchner beziehen will.
Bei Georg Büchner holt sich der Redner die Ermunterung,

»den Freipaß: Sag es! Sei ein schlechter Verlierer« (161). Vor
allen anderen attackiert er den Sieger der Wahl, den bestä-
tigten Bundeskanzler Erhard, schimpft ihn »die sich als Person bestätigt fühlende Hybris« (150) und vermutet, dass er
für die Wähler »der Garant dieser, im Egoismus begründe-
ten Selbstzufriedenheit« (164) gewesen sei. Den Wählerin-
nen und Wählern, die dieser Regierung die Mehrheit verschafft haben, wirft er »Egoismus« (151), »Opportunismus«
und »unreflektierten Materialismus« (155) vor. Mit dieser
Wahl seien die Chancen einer Wiedervereinigung Deutschlands vertan worden. Im »Tanz ums Goldene Kalb, Wirt-
schaftswunder genannt« (164), sei das Leitziel einer ange-
messenen Deutschlandpolitik aufgegeben und »einem vordergründig ideologisierten Wohlstandsseparatismus« (163)
geopfert worden. Offensichtlich wollten die Deutschen
keine »Wiedervereinigung«, »wenn sie uns Opfer abverlan-
gen sollte« (164). Ausschlaggebend für den Wahlausgang sei
jedoch nicht ein politisches Konzept, sondern eine falsche
Einschätzung der Spitzenkandidaten gewesen. Die Wahl sei
durch die Frage bestimmt worden: »Darf in Deutschland
ein Emigrant Bundeskanzler werden?« (154). Mit der Eti-
kettierung »Emigrant« habe man Willy Brandt auf gehäs-
sige Weise ausschalten wollen: »Wieder einmal hat sich das
Wort ›Emigrant‹, auf deutsch ausgesprochen, als diffamie-
rendes Schimpfwort bewährt« (155). Es sei jedoch beschä-
mend, dass hohe Ministerialbeamte wie Heinrich Globke,
die im Unrechtsstaat der Nationalsozialisten wichtige
Funktionen innehatten, in der Bundesrepublik toleriert und
akzeptiert würden, während die Opfer dieses Regimes –
hier: die Emigranten – dem Verdacht der Vaterlandsuntreue
ausgesetzt seien. Wie im Falle Büchners müssten sich eigentlich nicht die verteidigen, die emigriert seien, sondern
die, die heute noch aus jenem Geist handelten, »der vor
über hundertdreißig Jahren Georg Büchner aus dem Land
getrieben und mit Steckbriefen verfolgt hat« (162). Die Ver-
teidigung des SPD-Kanzlerkandidaten wird durch den his-

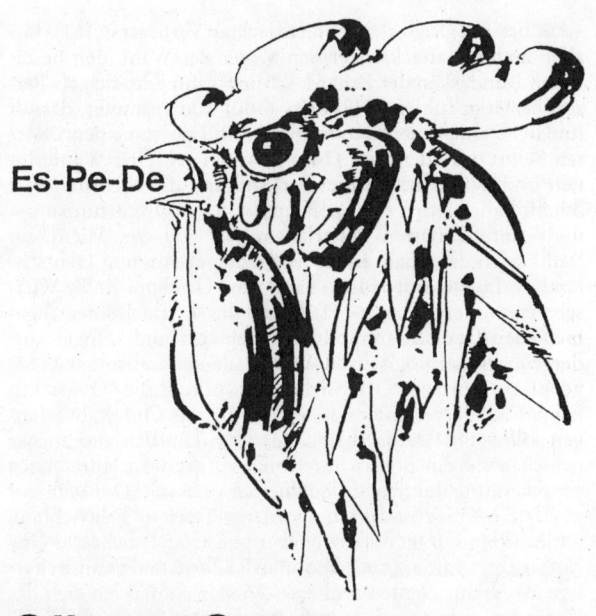

Es-Pe-De

Günter Grass
›Dich singe ich Demokratie‹

Loblied auf Willy

SPD-Wahlplakat von Günter Grass
für die Bundestagswahl 1965

torischen Vergleich zum Angriff auf die Regierung, die indirekt als reaktionär angegriffen wird.

Enttäuscht und wütend stellt der Büchner-Preisträger dann
zusätzlich fest, dass er in seiner Kampagne für Willy Brandt
und eine neue Regierung nicht hinreichend von jenen unter-
stützt wurde, von denen er es erwartet hatte. Scharf greift er
einige Schriftstellerkollegen an, aber auch Professoren und
Studenten, »denen die Politik bloßes Parteigezänk, denen
die Realität Ekel und allein die Utopie süß ist« (159). Wütend stellt er die Feuilletonisten bloß, die meinen, »Gewissen der Nation spielen zu dürfen«: »Gottähnlich tänzelnd
über den Abgasen unserer Gesellschaft, ordnen sie ihren
Seminar-Marxismus gleich Schäfchenwolken« (159 f.).

Denen, die versagt haben, stellt er als »das Selbstverständliche« (168) das vor, was er und einige Kollegen praktiziert
haben: Sie haben sich nicht in Utopien verstrickt, sondern
mit Hilfe von Verstand und Vernunft geprüft, was an der
gegebenen Realität verbessert werden könne. Dafür haben
sie sich mit den ihnen zur Verfügung stehenden Mitteln eingesetzt. Als Bürger haben sie das selbstverständlich getan,
wozu jeder Bürger in einer Republik eingeladen ist: »Den
Mund aufmachen – der Vernunft das Wort reden – die Ver-
leumder beim Namen nennen« (168).

Mit seiner Büchner-Preisrede hat Günter Grass die Kon-
ventionen der Rhetorik, die nach einer Preisverleihung eine
festliche Dankrede vorsehen, grob verletzt. Seine Angriffe
wurden zu Recht von denen als unpassend empfunden, die
nach bestem Wissen und Gewissen anders gewählt hatten
und die anders handelten, als es der Redner für richtig hielt.
Sie hatten – anders als in einer politischen Debatte – keine
Gelegenheit zur Stellungnahme und zur Entgegnung.
Trotzdem erweist sich der Schriftsteller und Dichter Günter
Grass mit seiner Rede als preiswürdig. Sein Engagement gilt
in der konkreten Situation zwar nur einer Partei und einer
Person, doch bekennt er sich damit allgemein zu den Pflich-
ten eines Republikaners: »Auch der Bürger ist Teil des Staa-

tes und sollte sich – hier beginnt seine Bürgerpflicht – als Teil des Staates verstehen.«[62]

Der Selbstverpflichtung, »den Mund aufzumachen« (162), ist Grass immer treu geblieben. Als Wahlkämpfer und Bürger hat er sich aufs Spiel gesetzt. Er hat angegriffen und wurde angegriffen. Er hat die Diskussion belebt und dadurch dem Fortschritt gedient. Doch ist er nie zum blindwütigen Revolutionär und Umstürzler, und nie zum Ideologen geworden. Er kämpft für den Fortschritt, aber er kämpft im Zeichen der Schnecke, wie er in seinem umfangreichen Bericht *Aus dem Tagebuch einer Schnecke* erklärt: Die Schnecke, d. h. der Fortschritt, »siegt nur knapp und selten.«[63] In Wahlreden für die SPD warb Grass bis 1998, also weit über die Brandt-Ära hinaus.

Der Traum der Vernunft. Rede zur Eröffnung der Veranstaltungsreihe »Vom Elend der Aufklärung« in der Akademie der Künste, Berlin, am 15. Juni 1984.

Die Akademie der Künste Berlin blickt auf eine lange Tradition zurück. Sie wurde 1684 gestiftet, hat verschiedene Sektionen – Bildende Künste, Musik und (seit 1926) Literatur – und verfolgt wie alle Akademien, die sich letztlich an der von Platon gegründeten Philosophenschule in Athen orientieren, das Ziel, Wissenschaftlern und Künstlern Gelegenheit zum Gedankenaustausch zu geben.

Berlin war neben den großen Handelsstädten wie Leipzig, Hamburg und Zürich durchaus ein Zentrum der deutschen Aufklärung. Immerhin erschien hier in den Jahren zwischen 1783 und 1811 die *Berlinische Monatsschrift*, in der Immanuel Kant den berühmt gewordenen Beitrag *Beant-*

---

62 Günter Grass, »Über die erste Bürgerpflicht. Rede zur Eröffnung des Studienjahres des Volksbildungswerks Gelsenkirchen« (1967), in: Grass (Anm. 1), S. 190.

63 Grass (Anm. 16), S. 9.

wortung der Frage: Was ist Aufklärung veröffentlichte. In diesem Aufsatz räumt Kant ein, dass man zwar noch nicht »in einem aufgeklärten Zeitalter« lebe, dass man aber »das Zeitalter Friedrichs«, also die Zeit des von 1740 bis 1786 regierenden Königs von Preußen, »das Zeitalter der Aufklärung«[64] nennen könne. Unter diesem Herrscher sei es grundsätzlich möglich, dem Wahlspruch der Aufklärung zu folgen: »Habe Muth dich deines eigenen Verstandes zu bedienen.«[65]

Zweihundert Jahre nach der vorläufigen Beantwortung der Frage, was Aufklärung sei, ist das Thema offensichtlich noch nicht erledigt und der Prozess der Aufklärung noch nicht abgeschlossen. Daher organisierte die Akademie der Künste in Berlin eine sich über mehrere Monate – von Juni 1985 bis Februar 1986 – hinziehende Veranstaltungsreihe mit dem Thema »Vom Elend der Aufklärung«. Die Formulierung war so offen wie möglich; denn unter diesem Titel konnte sowohl von der Aufklärung geredet werden, die ins Elend geraten ist, wie von jener, die Elend verursacht hat.

Grass eröffnete als Präsident der Akademie die Veranstaltungsreihe mit einer Rede, die etwa 20 Minuten gedauert haben dürfte und gedruckt einen Umfang von fünf Seiten hat. Aber auch in dieser Knappheit gelingt es, eine kurze Geschichte des deutschen oder sogar europäischen Aufklärungsprozesses zu geben, Grundprobleme zu nennen, die sich aus dem Konzept der Aufklärung ergeben, die Beteiligten zu einer offenen Diskussion aufzufordern und einige Impulse zu geben, wie der Gedanke der Aufklärung weiterentwickelt werden könnte.

Dabei geht der Redner von einer Radierung des spanischen Künstlers Francisco José Goya y Lucientes aus, die aus der Serie der Caprichos stammt, die dieser zwischen 1797 und

---

64 Immanuel Kant, »Was ist Aufklärung«, in: *Was ist Aufklärung. Beiträge aus der Berlinischen Monatsschrift*, ausgew., eingel. und mit Anm. vers. von Norbert Hinske, Darmstadt 1973, S. 462.

65 Ebenda, S. 452.

Francisco Goya: *Der Traum (Schlaf) der Vernunft
erzeugt Ungeheuer*

1799 schuf und mit denen er in mehrfacher Hinsicht Aufsehen erregte. Auf das 43. Capricho mit dem Titel *El sueno de la razon produce monstruos* bezieht sich Grass und erklärt, dass der Satz mit »Der Schlaf der Vernunft erzeugt Ungeheuer«, aber auch mit »Der Traum der Vernunft erzeugt Ungeheuer« übersetzt werden könne. Unmittelbar einsichtig ist, dass Gefahr droht, wenn die Vernunft schläft, wissen »wir als gebrannte Kinder einer Epoche« doch, dass »das Ungeheuer, Faschismus genannt, geboren wurde«, als »die Vernunft schlief« (887). Nicht so unmittelbar einsichtig ist, dass auch »alle bis heute wirksamen Ideologieentwürfe [...] Träume aufklärender Vernunft« sein sollen, dass also die politischen und wirtschaftlichen Konzepte sowohl des Kapitalismus wie auch des Kommunismus Produkte aufklärerischen Denkens sind. Vernunft, span. *razón*, lat. *ratio*, ist also nicht in sich gut, nicht automatisch Garant für eine glückende Welt- und Gesellschaftsordnung und auch nicht für eine glückliche Lebensgestaltung des Einzelnen.

Es hat sich nämlich im Laufe der Geschichte gezeigt, dass die Hoffnung trog, ein vom Aberglauben befreites Menschengeschlecht sei »dem ewigen Frieden und der allumfassenden Gerechtigkeit nahe« (889). Vielmehr sei festzustellen, dass die Menschen im Prozess der Aufklärung zwar »demokratischer«, »toleranter«, »schlauer« und »langlebiger« geworden, dafür aber einem »technischen Aberglauben« verfallen seien, der keineswegs ungefährlicher sei als der überwundene Aberglaube. Die besseren Informationssysteme – Stichwort: »Kabelfernsehen« – machen den Menschen nicht ohne weiteres »frei und mündig«; und die technisch ausgereiften Waffensysteme – Stichwort: »Nukleare Hochrüstung« – machen ihn sogar gefährlicher, »sobald sein Hang zur Zerstörung freigesetzt wird« (890). Es ist also durchaus angebracht, über »Glanz und [...] Elend« der Aufklärung zu sprechen.

Ob der Prozess der Aufklärung mehr Glanz oder mehr

Elend gebracht habe, ist also noch nicht entschieden. »Verwirrte Nachfahren« (886) der Epoche haben »Zweifel« bekommen, stellen »Fragen«, die zum »Streit« (888) herausfordern. Diskurs, Diskussion, Streit sind wesentliche Elemente einer jeden Aufklärung. Indem also die Veranstaltungsreihe die bisher erreichten Ergebnisse zur Diskussion stellt, indem diese »bestritten und bezweifelt« (888) werden, setzten sie den Prozess der Aufklärung fort.

Die Aufforderung zur Diskussion ist nicht zu verwechseln mit einem Aufruf zu einem Paradigma-Wechsel. Einem Weg zurück, einer »Gegenaufklärung«, einer neuen Art »Restauration« (888) wird nicht das Wort geredet. Vielmehr geht es darum, einen Weg in die Zukunft zu suchen: »Das Fortschreiben der Aufklärung setzt Zukunft voraus« (889). Der Bilanz, die unbedingt aufgestellt werden muss, sollte ebenso unbedingt eine Resolution folgen.

Was den Redner stört, was für ihn das »Elend der Aufklärung« ausmacht, sind deren »Hang zu Begriff und System, ihr Besserwissen, ihre pädagogische Penetranz und ihre Toleranzedikte, [...] ihre Tugendgebote und Wohlfahrtsausschüsse« (887 f.); kurz: ihre »Diktatur der Toleranz« und ihre »Tyrannei der Tugend« (889). Die äußerst negativ besetzten politischen Leitwörter »Diktatur« und »Tyrannei« kritisieren jene Tendenz der Aufklärung, sich selbstgerecht für nicht hinterfragbar zu halten. Es ist aber durchaus zu fragen, ob der Herrschaftsanspruch der Vernunft so, wie er oft vertreten wird, zu rechtfertigen ist.

Vernunft gilt als das Vermögen, nach klaren Grundsätzen, die der Kritik jedes einzelnen standhalten, zu urteilen und zu handeln. Als Rationalismus wird jene Geisteshaltung bezeichnet, die davon ausgeht, dass der Mensch mit solchen Vernunftbegriffen ausgestattet sei, dass er nur seinen Verstand und seine Vernunft betätigen müsse, »um der wahren Wirklichkeit gewiß zu werden«[66]. Von dieser Voraussetzung

66 Johannes Hoffmeister, *Wörterbuch der philosophischen Begriffe*, Hamburg 1955, S. 507.

ausgehend, »erhebt der Rationalismus die ratio zur Führerin und Richterin in allen Bereichen des Lebens«[67].

An dieser Stelle legt Grass Einspruch ein. Er fragt zunächst kritisch, ob es überhaupt wünschenswert sei, wenn diese *ratio* »uns alle durchleuchten, durchsichtig, gläsern, erfaßbar machen« (887) werde. Ihm ist dieser »Begriff von Vernunft [...] zu kalt«, die daraus resultierende »Moral [...] zu selbstgerecht« (889).

Sehr viel grundsätzlicher ist der Angriff auf den absoluten Herrschaftsanspruch der Vernunft: Grass fordert, dass die »überall vorherrschende Vernunft endlich Untertan der geschundenen Natur« (889) werde. Dies ist eine geradezu revolutionäre Forderung; denn damit wird der Mensch, der sich gern als Herr der Schöpfung ansieht, zum Untertan der Natur herabgestuft; und die *ratio*, durch die der Mensch glaubt vor allen Lebewesen ausgezeichnet zu sein, wird als ein Vermögen eingeschätzt, das nur Mittel zu einem höheren Zweck, nämlich der Erhaltung der Natur, ist.

Aufgabe der Aufklärer und Aufgabe der Veranstaltungsreihe ist also, »sich [...] selbst in Frage [zu] stellen« (887). Die Aufgabe wird verfehlt, wenn man den Streit vermeidet, wenn man nicht radikal diskutiert. Auch die Konzeption des Rationalismus kann zur Ideologie verkommen, wenn sie sich zum unhinterfragbaren Maßstab aller Dinge erklärt. Gefragt ist produktiver Zweifel als Merkmal einer produktiven Vernunft.

Als Schriftsteller immer auch Zeitzeuge. Rede auf dem Internationalen PEN-Kongress in Hamburg vom 22.–28. Juni 1986.

Der seit 1921 bestehende PEN-Club ist der einflussreichste internationale Schriftstellerverband. Die drei Buchstaben des Namens sind die Anfänge der Wörter »Poets, Essayists,

67 Ebenda, S. 507.

Novelists« und lassen zusammengesetzt das englische Wort *pen* = Feder anklingen. Mitglieder des PEN-Clubs sind also in erster Linie Schriftsteller und Dichter, aber auch Verleger, Kritiker und Literaturwissenschaftler. Als Unterabteilungen des internationalen Clubs gelten die nationalen Sektionen, die die Mitgliedschaft an Personen vergeben, die der Zielsetzung des PEN entsprechen.

Der PEN-Club sieht seine Aufgabe darin, »zum Frieden, zur Verständigung und zum kulturellen Austausch unter den Nationen beizutragen, gegen Unterdrückung und Zensur aufzutreten, sich für die Freiheit der Kunst und der Presse einzusetzen, Rassen-, Klassen- und Völkerhaß zu bekämpfen«[68].

In Zusammenarbeit mit »amnesty international« ist es dem PEN sehr oft gelungen, verfolgten und inhaftierten Schriftstellern weltweit zu helfen.

Der deutsche PEN-Club hatte sich 1949 neu konstituiert und teilte sich, entsprechend der Ost-West-Spaltung im sogenannten Kalten Krieg, in einen westdeutschen und einen ostdeutschen Verband. Heinrich Böll, dem späteren Literatur-Nobelpreisträger, wurde als erstem westdeutschen Vertreter die Präsidentschaft des Internationalen PEN für die Zeit von 1971 bis 1974 anvertraut. In Hamburg fand dann 1986 der jährlich einberufene Internationale PEN-Kongress statt, zu dem Günter Grass eine Grundsatzrede beisteuerte.

Seine Überlegungen zur Rolle des Schriftstellers gehen von eigenen »Schreib- und Leseerfahrungen« aus, »die nie frei waren von zeitgeschichtlichen Belastungen und politischer Dreinrede« (921). Er steht damit in Gegensatz zu jenen Künstlern, die vor den Realitäten des Lebens fliehen, sich – bildlich gesprochen – in einen Elfenbeinturm zurückziehen und ein von der Welt abgehobenes Reich der Schönheit zu schaffen suchen. Ganz im Gegenteil fühlt er sich verpflichtet, die politische und soziale Wirklichkeit zur Kennt-

---

68 Ralf Schnell, *Die Literatur der Bundesrepublik. Autoren, Geschichte, Literaturbetrieb*, Stuttgart 1986, S. 17.

Günter Grass an der Ostseeküste bei Gdansk (Danzig) 1989

nis zu nehmen, sich an der Auseinandersetzung bei der Gestaltung der Zukunft zu beteiligen und in seinen Werken zu
Fragen der Zeit Stellung zu nehmen. So bestätigt er indirekt, dass sein Werk als eine Ausprägung von engagierter
Literatur angesehen werden kann.

Für dieses Verständnis und für diese Konzeption setzt er
sich ein, nennt die Bedingungen und spricht über die Kon-
sequenzen. Die entscheidenden Voraussetzungen erwähnt
er gleich zu Anfang:

»Die Spiegelung von Zeitgeschichte durch jeweils gegenwärtige Literatur setzt Autoren voraus, die sich als Zeitgenossen begreifen, denen selbst die trivialsten politischen
Vorgänge kein außerästhetischer Störfaktor, vielmehr realer
Widerstand sind« (921).

Es ist eine freiwillig getroffene Entscheidung des Schriftstellers, »sich als Zeitgenossen [zu] begreifen«. Als Zeitgenosse
beteiligt er sich am Leben seiner Zeit, nimmt wahr und
nimmt Stellung. Ereignisse und Vorgänge werden ihm Gegenstand und Widerstand, wenn sie seinem Denken und
Handeln zuwiderlaufen. Indem er das, was ihm begegnet,
literarisch verarbeitet, spiegelt er Zeitgeschichte. So entsteht
engagierte Literatur: Engagierte Literatur ist immer »gegenwärtige Literatur«, wohingegen nicht alle gegenwärtige Literatur engagierte Literatur ist.

Abzugrenzen ist diese Art engagierter Literatur von jeder
Form von Tendenzdichtung. Texte, die sich »prophetisch«
geben oder »blanke Agitation« (924) betreiben, die als
»Lastenträger dogmatisierter Ideologie« entlarvt werden
können, sind nichts als »Dokumente ideologischer Trivial-
literatur, vergleichbar den Traktaten zänkischer Pfaffen«
(925); und keineswegs können sie dem Anspruch genügen,
»literarischer Spiegel ihrer jeweiligen Gegenwart zu sein«
(925).

An Beispielen für »Autoren [. . .], die sich ihrer Gegenwart
stellen« (922), fehlt es nicht. Erinnert wird an spanische,
französische, englische, amerikanische und deutsche Auto-

ren, die als Augenzeugen über den Spanischen Bürgerkrieg
(1936–39) geschrieben haben. In einem Roman wie *Berlin
Alexanderplatz* von Alfred Döblin werden »die endzwanziger Jahre und der Zerfall der Weimarer Republik [. . .] gegenwärtig« (924). Wolfgang Koeppen und Uwe Johnson
können als Zeitzeugen angesehen werden, die in dem einen
Fall die Anfänge der Bundesrepublik im Westen Deutschlands und im andern Fall den »abrupten Übergang vom
Nationalsozialismus zum Stalinismus« (925) im Osten
Deutschlands, in der frühen DDR, beschrieben haben.
Der Schriftsteller als Zeitzeuge könnte in den Ruf kommen,
nur »Lückenbüßer der offiziellen Geschichte« (923) zu sein.
Ein Vergleich belegt, dass dies nicht der Fall ist: Während
sich die Historiker »an politische Machtverschiebungen, an
militärische Siege, Verträge und Vertragsbrüche« halten und
zu ordnen versuchen, »was vorgestern noch chaotisch zuhauf lag« (922), lässt der engagierte Schriftsteller dem »Geschichtsverlauf [. . .] seine Absurdität«, rückt »die Unterlegenen ins Blickfeld«, bringt »die sogenannten Helden auf
menschliches Maß« (923), wählt bewusst »den Blick von
unten«, achtet »den einzelnen in der Masse« (922) und
stellt so »Geschichte auf den Kopf« (923). »Der Schriftsteller, dem Geschichte zum Stoff wird [. . .], will die Kehrseite
ans Licht bringen«: »Sein Blick auf zeitgenössisches Geschehen ist bewußt vorschnell und will die Politik fassen, bevor
sie sich als Geschichte tarnt« (929). Mehr noch: »Der
Schriftsteller als Zeitgenosse, wie ich ihn meine, wird immer
verquer zum Zeitgeist liegen« (925).
Bücher dieser Art erregen Anstoß, fordern zur Auseinandersetzung heraus, reizen zum Widerstand. Mit Entgegnung, mit Verriss, mit Verbot muss gerechnet werden. Ausbürgerung und Verfolgung haben ebenso Schriftsteller erlitten, die engagiert über den Spanischen Bürgerkrieg schrieben, wie jene, die die Diktatur der Nationalsozialisten und
der Stalinisten durchsichtig machten. Die weltweite Verfol-

gung Salman Rushdies ist ein aktuelles Beispiel unter vielen, das zeigt, »welches Risiko Autoren eingehen, die sich ihrer Gegenwart stellen« (922).

Die Ziele des PEN-Clubs sind längst nicht erreicht, noch immer gibt es Staaten, in denen Schriftsteller, die sich den Regierenden entgegenstellen, mit Verfolgung rechnen müssen.

IV. Zur Rezeptionsgeschichte

Es mag widersinnig erscheinen, einen Autor, dem man gerade zum siebzigsten Geburtstag »noch viele Jahre [...] Glück und Gemeinwesenarbeit«[1] gewünscht hat und auf dessen nächste Einlassungen und Veröffentlichungen die einen mit Vor-Freude und die anderen mit Vor-Ärger warten, mit literaturhistorischen Kategorien zu behelligen. Tatsächlich ist das Werk von Günter Grass noch nicht abgeschlossen, auch wenn seit 1997 eine »Werkausgabe in 16 Bänden«[2] in Arbeit ist. In Vorbereitung sind zusätzlich sieben Bände mit Kommentaren und Materialien. In den kommenden Jahren soll die Werkausgabe ergänzt werden durch »Briefwechsel«, »Gespräche« und eine »Grafische Abteilung«. Der Editionsplan weist deutlich in die Zukunft. Eine neue Stufe der Beschäftigung mit dem Autor Grass wird einer neuen Generation von Lesern erst erreichbar, wenn die Voraussetzungen und Hintergründe des Werks erhellt werden, die der ersten Lesergeneration aus eigener Anschauung vertraut waren.

Längst ist nämlich Geschichte geworden, was dem Autor der *Blechtrommel*, aber auch dem Autor von *örtlich betäubt*, vielleicht sogar dem von *Ein weites Feld* aktueller Anlass war. In einem Werkstattbericht *Günter Grass. Vier Jahrzehnte*, herausgegeben von G. Fritze Margull, ist nachzulesen, wie sich Günter Grass an die Stationen seines Lebens und Arbeitens erinnert. Dort bringt er sich und seine Produktionen selbst in historische Zusammenhänge, die allerdings mit dem Jahr 1990 einen vorläufigen Abschluss finden.

Deutlich wird, dass sich Grass als Repräsentant einer Generation erkennt, deren Entwicklung durch die Nazi-Diktatur, durch Krieg und Nachkriegszeit entscheidend beein-

---

1 Oskar Negt, »*Lieber Günter . . .*«, in: *Steidl Gesamtprogramm* 1997.
2 *Werkausgabe in 16 Bänden und 22 CDs*, Göttingen 1997 ff.

flusst war und die sich entscheiden musste, wie man mit dieser Erblast umgehen wollte. Grass war und ist sowohl Zeitzeuge wie Zeitkritiker. Sein literarisches Werk ist unter anderem Zeugnis einer bewussten, einer reflektierten und produktiv ausgestalteten Zeitgenossenschaft, die Stellung bezieht zu den vielfachen Brüchen und Umbrüchen der deutschen Geschichte, die sich im 20. Jahrhundert ereignet haben.

Die Geschichte der Rezeption des Grass'schen Werkes ist die Geschichte vehementer, zum Teil turbulenter Auseinandersetzungen und Fehden der und mit den Literaturkritiker(n), Politiker(n) und Meinungsführer(n) in allen Schichten der Gesellschaft. Bereits 1968, also neun Jahre nach Erscheinen der *Blechtrommel*, wurde eine Dokumentation *Von Buch zu Buch. Günter Grass in der Kritik*[3] herausgegeben. Jedes Buch führte zu neuen Kontroversen. An dem als »Deutschland-Roman« und als »Jahrhundertroman« angekündigten *Weiten Feld* entzündete sich 1995 der Streit so, dass bereits ein Jahr später ein Band von fast 500 Seiten vorgelegt werden konnte: *Der Fall Fonty. »Ein weites Feld« von Günter Grass in der Kritik*[4]. Wenige Schriftsteller haben die Fähigkeit und Kraft, die literarische Öffentlichkeit so zu polarisieren wie Grass.

Wer das Gesamtwerk des Künstlers Günter Grass in den Blick nimmt, lernt nicht nur den Schriftsteller und Dichter, sondern auch den Bildhauer, den Maler und Zeichner und schließlich auch den Grafiker kennen. Vor allem bemerkt er, wie sich die verschiedenen Wege, auf die Welt der Wirklichkeit zuzugehen, ergänzen. Wer die Bildkraft der Lyrik und Prosa lobt, wird bei der Betrachtung der Zeichnungen und Grafiken bemerken, dass auch hier Realität gestaltet ist.

---

3 Gert Loschütz (Hrsg.), *Von Buch zu Buch. Günter Grass in der Kritik. Eine Dokumentation*, Neuwied/Berlin 1968.
4 Oskar Negt (Hrsg.), *Der Fall Fonty. »Ein weites Feld« von Günter Grass im Spiegel der Kritik*, Göttingen 1996.

Hier wie dort liegt, wie schon früh bemerkt wurde, »zugreifendes, präzises, die Realitäten aufklärendes, kein Risiko scheuendes [. . .] Handwerk«[5] vor.

Nicht als Ausflug in fremdes Gebiet, sondern als Konsequenz eines zeitkritischen Schriftstellers sollte eingeschätzt werden, dass Grass sich in die Wahlkämpfe der Bundesrepublik einmischte. Er hat damit ein völlig neues Rollenverständnis vom politischen Schriftsteller in einer parlamentarischen Welt entworfen und praktiziert. Indem er direkt – parteipolitisch – Stellung nahm, zeigte er den Weg auf, der von der politischen Rhetorik zur politischen Pragmatik führt. Damit setzte er sich anderen Arten der Rezeption und anderen Kriterien für sein Handeln aus. Er möchte als Wahlredner, aber auch als Mitglied des PEN und als Mitglied der Berliner Akademie der Künste gehört werden, wenn es um Reformen geht, wenn es um Freiheit der Kunst, um Befreiung verfolgter Schriftsteller, um Rechte von Minderheiten, um Asylgewährung für Verfolgte geht. Als am 30. September 1999 die Nachricht von der Verleihung des Literaturnobelpreises an Günter Grass durch die Medien ging, mischte sich in die Freude und in die Glückwünsche auch die Frage, ob damit ein Werk und vielleicht sogar eine literarische Epoche abgeschlossen sei oder ob diese Auszeichnung Bestätigung und Ansporn für den Autor sei. Knapp sei *Die Welt* zitiert: »Längst ist sein Lebenswerk abgeschlossen, historisch.«[6]; ausführlicher die *Volkskrant*, eine niederländische Zeitung: »Mit Grass wird auch eine bestimmte Auffassung von Literatur ausgezeichnet, ein eigenes Verständnis vom Schreiben: Der Schriftsteller als Trommler, der Schriftsteller als Kommentator, als

---

5 Heinrich Vormweg, »Das Werk von Günter Grass«, in: Rudolf Wolff (Hrsg.), *Günter Grass. Werk und Wirkung*, Bonn 1986 (Sammlung Profile, 21), S. 61.
6 Thomas E. Schmidt: »Der Preis der Vergangenheit«, in: *Die Welt*, 2. 10. 1999, S. 8.

jener, der vor den Scharen von Historikern herläuft und selbst angibt, worum es in seiner Zeit geht.«[7] Die Diskussion über Günter Grass ist nicht abgeschlossen, sondern neu eröffnet.

7 Zitiert nach: *Süddeutsche Zeitung*, 2./3. 10. 1999, S. 19.

V. Literaturhinweise

1. Gesamtausgaben

Werkausgabe in 10 Bänden. Hrsg. von Volker Neuhaus. Darmstadt/Neuwied: Luchterhand, 1987.

Werkausgabe in 16 Bänden. Hrsg. von Volker Neuhaus und Daniela Hermes. 16 Bde. und 22 CDs. Göttingen: Steidl, 1997.

Bd. 1: Gedichte und Prosa. Hrsg. von Volker Neuhaus und Daniela Hermes.

Bd. 2: Theaterspiele. Hrsg. von Dieter Stolz.

Bd. 3: Die Blechtrommel. Hrsg. von Volker Neuhaus.

Bd. 4: Katz und Maus. Hrsg. von Volker Neuhaus.

Bd. 5: Hundejahre. Hrsg. von Volker Neuhaus.

Bd. 6: örtlich betäubt. Hrsg. von Volker Neuhaus.

Bd. 7: Aus dem Tagebuch einer Schnecke. Hrsg. von Volker Neuhaus.

Bd. 8: Der Butt. Hrsg. von Claudia Mayer-Iswandy.

Bd. 9: Das Treffen in Telgte. Hrsg. von Claudia Mayer-Iswandy.

Bd. 10: Kopfgeburten oder Die Deutschen sterben aus. Hrsg. von Volker Neuhaus.

Bd. 11: Die Rättin. Hrsg. von Volker Neuhaus.

Bd. 12: Unkenrufe. Hrsg. von Daniela Hermes.

Bd. 13: Ein weites Feld. Hrsg. von Daniela Hermes.

Bd. 14: Essays und Reden I. Hrsg. von Daniela Hermes.

Bd. 15: Essays und Reden II. Hrsg. von Daniela Hermes.

Bd. 16: Essays und Reden III. Hrsg. von Daniela Hermes.

Günter Grass: Die Blechtrommel. Lesung des gesamten Buches durch den Autor auf 22 CDs.

2. Einzelausgaben in Auswahl

Mariazuehren. Gedicht. Mit Photographien von Maria Rama. München: Bruckmann, 1973.

Mit Sophie in die Pilze gegangen. Gedichte und Lithographien. Göttingen: Steidl, 1987.

Zunge zeigen. Darmstadt: Luchterhand, 1988.

Skizzenbuch. Göttingen: Steidl, 1989.

Totes Holz. Ein Nachruf. Texte und Zeichnungen. Göttingen: Steidl, 1990.

Vier Jahrzehnte. Ein Werkstattbericht. Hrsg. G. Fritze Margull. Göttingen: Steidl, 1991.

Novemberland. 13 Sonette und 13 Sepiazeichnungen. Göttingen: Steidl, 1993.

In Kupfer, auf Stein. Die Radierungen und Lithographien 1972–1986. Göttingen: Steidl, 1994.

Ein weites Feld. Roman. Göttingen: Steidl, 1995.

Rede über den Standort. Göttingen: Steidl, 1997.

Fundsachen für Nichtleser. Aquarelle und Gedichte. Göttingen: Steidl, 1997.

Grass, Günter / Ôe, Kenzaburô: Gestern, vor 50 Jahren. Ein deutsch-japanischer Briefwechsel. Göttingen: Steidl, 1997.

Für- und Widerworte. Göttingen: Steidl, 1999.

Mein Jahrhundert. Göttingen: Steidl, 1999.

3. Preisgünstige Sonderausgaben, nach denen zitiert wird

Gedichte. Ausw. und Nachw. von Franz Josef Görtz. Stuttgart: Reclam, 1985 [u. ö.]. (Universal-Bibliothek. Nr. 8060.)

Die Blechtrommel. Frankfurt a. M.: S. Fischer 1960. (Fischer Bücherei. 473/474.)

Katz und Maus. Reinbek bei Hamburg: Rowohlt Taschenbuch Verlag, 1963. (rororo. 572.)

örtlich betäubt. Frankfurt a. M.: Fischer Taschenbuch Verlag, 1972. (Fischer Taschenbuch. 1248.)

Das Treffen in Telgte. Reinbek bei Hamburg: Rowohlt Taschenbuch Verlag, 1981. (rororo. 4770.)

4. Bibliographien

Hermes, Daniela: Auswahl-Bibliographie. In: Text + Kritik. Zeitschrift für Literatur. Hrsg. von Heinz Ludwig Arnold. Heft 1: Günter Grass. 6. Aufl.: Neufassung 1988.

Neuhaus, Volker / Hermes, Daniela: Auswahlbibliographie: 1. Werkverzeichnis, 2. Sekundärliteratur. In: Kritisches Lexikon zur deutschsprachigen Gegenwartsliteratur – KLG. München. (Stand: 9.1.1995.)

5. Allgemeine Darstellungen

Angenendt, Thomas: »Wenn Wörter Schatten werfen«. Untersuchungen zum Prosastil von Günter Grass. Frankfurt a. M. / Berlin / Bern / New York / Paris / Wien 1995. (Kölner Studien zur Literaturwissenschaft.)

Boßmann, Timm: Der Dichter im Schussfeld. Geschichte und Versagen der Literaturkritik am Beispiel Günter Grass. Marburg 1997.

Brode, Hanspeter: Günter Grass. München 1979.

Cepl-Kaufmann, Gertrude: Günter Grass. Eine Analyse des Gesamtwerkes unter dem Aspekt von Literatur und Politik. Kronberg i. Ts. 1975.

Durzak, Manfred (Hrsg.): Zu Günter Grass: Geschichte auf dem poetischen Prüfstand. Stuttgart 1985.

Neuhaus, Volker: Günter Grass. 2., überarb. und erw. Aufl. Stuttgart/Weimar 1992.

– Günter Grass. In: Kritisches Lexikon der deutschsprachigen Gegenwartsliteratur – KLG.

– Schreiben gegen die verstreichende Zeit. Zu Leben und Werk von Günter Grass. München 1997.

Reich-Ranicki, Marcel: Günter Grass. Aufsätze. Zürich 1992.

Tank, Kurt Lothar: Günter Grass. Berlin [5]1974.

Vormweg, Heinrich: Günter Grass in Selbstzeugnissen und Bilddokumenten. 3., erg. und aktual. Aufl. Reinbek bei Hamburg 1996.

Wolff, Rudolf: Günter Grass. Werk und Wirkung. Bonn 1986. (Sammlung Profile. 21.)

6. Zur Lyrik

Loschütz, Gert (Hrsg.): Von Buch zu Buch – Günter Grass in der Kritik. Eine Dokumentation. Neuwied/Berlin 1968.

Vormweg, Heinrich: Gedichteschreiber Grass. In: Akzente 17 (1970) S. 405–416. Auch in: Günter Grass: Gesammelte Gedichte. Darmstadt/Neuwied 1971.

7. Zu den behandelten Gedichten

Polnische Fahne

Bienek, Horst: Günter Grass: *Polnische Fahne.* In: Frankfurter Anthologie. Gedichte und Interpretationen. Bd. 7. Frankfurt a. M. 1983. S. 225.

Racine läßt sein Wappen ändern

Gertrud Fussenegger: Günter Grass: *Racine läßt sein Wappen ändern.* In: Frankfurter Anthologie. Gedichte und Interpretationen. Bd. 10. Frankfurt a. M. 1986. S. 227.

Ehe

Hieber, Jochen: Günter Grass: *Ehe.* In: Frankfurter Anthologie. Gedichte und Interpretationen. Bd. 21. Frankfurt a. M. 1998. S. 189–191.

8. Zur Dramatik

Kaiser, Joachim: Die Theaterstücke des Günter Grass. In: Text + Kritik 1978. S. 118–132.
Kux, Manfred: Moderne Dichterdramen. Dichter, Dichtung und Politik in Theaterstücken von Günter Grass, Tankred Dorst, Peter Weiss und Gaston Salvatore. Köln/Wien 1980.

Die Plebejer proben den Aufstand

Verweyen, Theodor: »Die Tragödie des Coriolanus« bei Brecht und Grass oder über die Verarbeitung literarischer Modelle. In: Poetica 16 (1984) S. 246–275.

9. Zur Epik

Brode, Hanspeter: Die Zeitgeschichte im erzählenden Werk von Günter Grass. Versuch einer Deutung der *Blechtrommel* und der *Danziger Trilogie.* Frankfurt a. M. / Bern 1977.
– Kommunikationsstruktur und Erzählerposition in den Romanen

von Günter Grass. *Die Blechtrommel, Aus dem Tagebuch einer Schnecke, Der Butt.* In: Germanisch-Romanische Monatsschrift. Heft 61 (1980) S. 438–450.

Cepl-Kaufmann, Gertrude: Verlust oder poetische Rettung? Zum Begriff »Heimat« in Günter Grass' »Danziger Trilogie«. In: Literatur und Provinz. Das Konzept »Heimat« in der neueren deutschen Literatur. Hrsg. von Hans Georg Pott. Paderborn/München/Wien/Zürich 1986. S. 61–83.

Reddick, John: Vom Pferdekopf zur Schnecke. Die Prosawerke von Günter Grass zwischen Beinahe-Verzweiflung und zweifelnder Hoffnung. In: Positionen des deutschen Romans der 60er Jahre. Hrsg. von Heinz Ludwig Arnold und Theo Buck. München 1974. S. 39–54.

10. Zu den behandelten Werken

Die Blechtrommel

Frizen, Werner: Zur Entstehungsgeschichte von Günter Grass' Roman *Blechtrommel.* In: Monatshefte 79 (1987) S. 210–222.

Görtz, Franz Josef: *Die Blechtrommel.* Attraktion und Ärgernis. Ein Kapitel deutscher Literaturkritik. Darmstadt/Neuwied 1984.

Just, Georg: Darstellung und Appell in der *Blechtrommel* von Günter Grass. Darstellungsästhetik versus Wirkungsästhetik. Frankfurt a. M. 1972.

Könecke, Rainer: Stundenblätter *Die Blechtrommel.* Stuttgart/Dresden ³1991.

Krumme, Detlef: Günter Grass: *Die Blechtrommel.* München 1986.

Liewerscheidt, Ute: Günter Grass: *Die Blechtrommel.* Kommentare, Diskussionsaspekte und Anregungen für produktionsorientiertes Lesen. Hollfeld ⁴1996.

Loschütz, Gert (Hrsg.): Von Buch zu Buch – Günter Grass in der Kritik. Eine Dokumentation. Neuwied/Berlin 1968.

Neis, Edgar: Erläuterungen zu Günter Grass *Die Blechtrommel.* 3., erw. Aufl. Hollfeld 1981.

Neuhaus, Volker: Erläuterungen und Dokumente: Günter Grass: *Die Blechtrommel.* Stuttgart 1997 [u. ö.]. (Reclams Universal-Bibliothek. Nr. 16005.)

Neuhaus, Volker: Günter Grass: *Die Blechtrommel.* Interpretation. 2., überarb. und erg. Aufl. München 1988.
– / Hermes, Daniela (Hrsg.): Die »Danziger Trilogie«. Texte, Daten, Bilder. Frankfurt a. M. 1991.
Reinhold, Ursula: Zu Grass' Roman *Die Blechtrommel.* In: Weimarer Beiträge 32 (1986) Heft 10. S. 1667–85.
Schlöndorff, Volker: *Die Blechtrommel.* Tagebuch einer Verfilmung. Neuwied 1979.
Will, Wilfried van der: Pikaro heute. Metamorphosen des Schelms bei Thomas Mann, Döblin, Brecht, Grass. Stuttgart 1967.

Katz und Maus

Behrendt, Johanna E.: Die Ausweglosigkeit der menschlichen Natur. Eine Interpretation von Günter Grass' *Katz und Maus.* In: Zeitschrift für deutsche Philologie 87 (1968) S. 546–562.
Kaiser, Gerhard: Günter Grass: *Katz und Maus.* München 1971.
Loschütz, Gert (Hrsg.): Von Buch zu Buch – Günter Grass in der Kritik. Eine Dokumentation. Neuwied/Berlin 1968.
Neis, Edgar: Erläuterungen zu Günter Grass: *Katz und Maus.* 6., erg. Aufl. Hollfeld 1988.
Ritter, Alexander: Erläuterungen und Dokumente: Günter Grass: *Katz und Maus.* Stuttgart 1977 [u. ö.]. (Reclams Universal-Bibliothek. Nr. 8137.)
Scherf, Rainer: *Katz und Maus* von Günter Grass. Literarische Ironie nach Auschwitz und der unausgesprochene Appell zu politischem Engagement. Marburg 1995.
Tiesler, Ingrid: Günter Grass: *Katz und Maus.* Interpretation. München [2]1985.

örtlich betäubt

Durzak, Manfred: Plädoyer für eine Rezeptionsästhetik. Anmerkungen zur deutschen und amerikanischen Literaturkritik am Beispiel von Günter Grass *örtlich betäubt.* In: Akzente 18 (1971) Heft 6. S. 487–504.

Das Treffen in Telgte

Crimmann, Ralph P.: Günter Grass: *Das Treffen in Telgte*. Literaturdidaktische und literaturwissenschaftliche Beobachtungen. In: Der Deutschunterricht 38 (1986) S. 7–22.

Füssel, Stephan: Erläuterungen und Dokumente: Günter Grass: *Das Treffen in Telgte*. Stuttgart 1999. (Universal-Bibliothek. Nr. 16012.)

Hoffmeister, Werner: Dach, Distel und die Dichter: Günter Grass' *Das Treffen in Telgte*. In: ZfdPh 100 (1981) S. 274–287.

Menne-Haritz, Angelika: Der Westfälische Friede und die Gruppe 47. Elemente zu einer Interpretation von Günter Grass: *Das Treffen in Telgte*. In: Literatur für Leser 4 (1981) Heft 4. S. 237–245.

Ein weites Feld

Boßmann, Timm: Der Dichter im Schussfeld. Geschichte und Versagen der Literaturkritik am Beispiel Günter Grass. Marburg 1997.

Lohr, Stephan: Theo Wuttke alias Fontane. Ein Gespräch mit Günter Grass. In: Der Deutschunterricht 50 (1998) Heft 4. S. 69–73.

Negt, Oskar (Hrsg.): Der Fall Fonty. *Ein weites Feld* von Günter Grass im Spiegel der Kritik. Göttingen 1996.

VI. Abbildungsnachweis

Literaturwissen
für Schule und Studium

In der Reihe *Literaturwissen* erscheinen Einführungen zu wichtigen in den schulischen Literaturkursen vorzugsweise gelesenen Autoren. *Literaturwissen* bietet Grundwissen für Schüler in konzentrierter Form: Autor und Werk in knapper literaturgeschichtlicher Einordnung, Inhaltsangaben und Interpretationen der in der Schule behandelten Texte, Literaturhinweise und Abbildungen.

Alfred Andersch. Von Reiner Poppe. 120 S. 6 Abb. UB 15219

Heinrich Böll. Von Helmut Bernsmeier. 151 S. 10 Abb. UB 15211

Bertolt Brecht. Von Franz-Josef Payrhuber. 176 S. 9 Abb. UB 15207

Georg Büchner. Von Karlheinz Hasselbach. 108 S. 7 Abb. UB 15212

Friedrich Dürrenmatt. Von Wilhelm Große. 176 S. 11 Abb. UB 15214

Theodor Fontane. Von Theodor Pelster. 116 S. 10 Abb. UB 15213

Max Frisch. Von Klaus Müller-Salget. 141 S. 10 Abb. UB 15210

Johann Wolfgang Goethe. Von Kurt Rothmann. 158 S. 10 Abb. UB 15201

Günter Grass. Von Theodor Pelster. 133 S. 11 Abb. UB 15220

Gerhart Hauptmann. Von Franz-Josef Payrhuber. 104 S. 9 Abb. UB 15215

Hermann Hesse. Von Helga Esselborn-Krumbiegel. 115 S. 9 Abb. UB 15208

Franz Kafka. Von Carsten Schlingmann. 168 S. 11 Abb. UB 15204

Gottfried Keller. Von Klaus-Dieter Metz. 143 S. 7 Abb. UB 15205

Heinrich von Kleist. Von Sabine Doering. 123 S. 10 Abb. UB 15209

Gotthold Ephraim Lessing. Von Wolfgang Kröger. 106 S. 10 Abb. UB 15206

Thomas Mann. Von Ulrich Karthaus. 115 S. 7 Abb. UB 15203

Conrad Ferdinand Meyer. Von Theodor Pelster. 119 S. 9 Abb. UB 15216

Friedrich Schiller. Von Walter Schafarschik. 182 S. 13. Abb UB 15218

Adalbert Stifter. Von Karl Pörnbacher. 144 S. 9 Abb. UB 15217

Theodor Storm. Von Winfried Freund. 136 S. 6 Abb. UB 15202

Philipp Reclam jun. Stuttgart